L'AVENEMENT DU SUFFRAGE UNIVERSEL.

1848

Janvier — Février

Par JEAN MACÉ

PARIS
[C]INQUALBRE. ÉDITEUR
54, RUE DES ÉCOLES, 54.

1879

L'AVÈNEMENT

DU

SUFFRAGE UNIVERSEL

1848

Janvier — Février

L'AVENEMENT DU SUFFRAGE UNIVERSEL

1848

Janvier — Février

PAR JEAN MACÉ

PARIS
A. CINQUALBRE, ÉDITEUR
54, RUE DES ÉCOLES, 54.

1879

PRÉFACE.

Ceux qui ont assisté à la révolution de février 1848 peuvent se rappeler comment les choses se sont passées, et de quelle façon le suffrage universel a fait son apparition chez nous.

Quand le retour à la patrie de l'Alsace et de la Lorraine nous aura permis d'oublier l'Empire, que l'on réclame pour qui l'on voudra l'honneur d'avoir été le père du suffrage universel. D'ici là, je ne veux en reconnaître qu'un : c'est Guizot.

Il y avait un grand avantage sous Louis Philippe à payer 200 francs de contributions : cela vous constituait souverain d'emblée. La France était alors une petite république, la république des électeurs à 200 francs, dont le roi de Juillet demeurait, quoi qu'il en eût, le serviteur très humble. Ils étaient bien 2 à 300,000, plus ou moins, qui formaient le pays à eux tout seuls, le PAYS LÉGAL, c'était Guizot qui avait trouvé le mot.

Vous me direz à cela que le pays légal de la Restauration en comptait encore moins, et que 200 francs c'était un progrès sur 300. Assurément ; mais depuis dix-huit ans bientôt que l'on vivait sur ce progrès-là, on avait fini par trouver que 150 francs ce serait un progrès sur 200.

Qui pouvait dire le contraire ?

Guizot, et ses collègues du ministère, qui, à force d'être aimables avec la majorité des électeurs à 200 francs, s'en étaient fait des amis à toute épreuve, nommant à coup sûr les bons députés, et auxquels les électeurs à 150 francs, des inconnus, n'offraient pas les mêmes garanties. A aucun prix, ils ne voulaient en entendre parler.

Des hommes de désordre, Thiers,

Odilon Barrot, et autres brouillons, proposaient en outre de donner le droit de vote aux professeurs, médecins, avocats, ingénieurs civils, tous bacheliers ès lettres ou ès sciences, qu'on devait supposer capables de voter en connaissance de cause. Bien moins rassurantes encore les capacités ! La bande ministérielle jetait les hauts cris quand il était question de cette dangereuse nouveauté.

A le bien prendre, tout cela ne modifiait pas grandement le régime établi. Il n'y aurait eu, en somme, rien de changé en France, rien qu'un ministère peut-être : ce n'était grave que pour lui. Cela suffisait malheureusement.

Les têtes s'échauffant, le parti des électeurs mécontents entama sa fameuse campagne de banquets, qui fut le dernier acte de la comédie parlementaire jouée sous Louis Philippe. Le droit de parler politique en public n'existait pas plus alors qu'il n'existe aujourd'hui; mais eux, des souverains! qui aurait osé les faire taire? Les orateurs s'en donnaient donc à cœur joie sur Guizot et son roi, qui faisait mine de s'émanciper, dans sa compagnie. Ils ne s'apercevaient pas que leurs paroles tombaient dans d'autres oreilles que celles des convives, et que le vrai pays, celui de tout le monde, commençait à s'en mêler.

Ce parti pris des conservateurs-bornes, comme on disait, de s'éterniser dans l'immobilité, révoltait les plus calmes, et les scandales étant venus à se multiplier, comme par un fait exprès, dans les alentours du pouvoir, la colère publique se faisait jour, déjà bruyante, en toute occasion. Les novices même en politique sentaient sous leurs pieds ce frémissement sourd qui prélude à l'explosion : son portefeuille sous le bras, le grand ministre ne bronchait pas. Il était de cette odieuse école des doctrinaires qui se croient les hommes de gouvernement par excellence, parce qu'ils ont des envies féroces de gouverner, et qui se complaisent dans l'impopularité, jusques et y compris la débâcle. On est un gouvernement fort, ou on ne l'est pas.

Les choses en étaient là au mois de janvier 1848 quand parurent les *Lettres d'un garde national à son voisin*, qui font la première partie de ce petit volume.

J'approchais alors de trente-trois ans, et je ne m'étais encore jamais occupé de politique; autrement dit, je n'avais pas pris au sérieux jusque-là mes devoirs de citoyen, dont on ne m'avait pas assez parlé quand j'étais à l'âge où l'on doit vous parler de ces choses-là. Je n'oublierai jamais ce moment de ma vie où les idées de patrie et de justice se dressèrent pour la première fois, de toute leur hauteur, devant moi, et entrèrent en maîtresses dans mon âme qu'elles n'avaient fait encore qu'effleurer.

Je restai enfermé dans ma petite chambre sans presque dormir, ni manger, tant que dura ce travail entièrement nouveau pour moi. Et cela me paraissait si hardi de vouloir me faire une opinion personnelle sur d'aussi grosses questions, de vouloir la faire imprimer surtout, que je ne lâchais pas une phrase sans lui avoir fait son procès en règle, craignant d'une part d'aller trop loin, ne pouvant me décider de l'autre à rester en route dans l'expression de la pensée qui m'arrivait. On se servait déjà du mot *radical* dans ce temps-là, et il me sonnait assez mal à l'oreille, comme il fera de tout temps aux indifférents en politique, qui ne se donnent pas la peine de descendre au fond, à la *racine* des questions. Jugez de mon épouvante quand j'en vins à me dire que j'avais tout l'air de glisser dans le radicalisme !

J'en eus bientôt pris mon parti, mais on ne se cuirasse pas du premier coup contre la réprobation des gens dits raisonnables : il me sembla opportun d'abriter mes audaces sous le pseudonyme de Jean Moreau. Je serais bien embarrassé de dire pourquoi, car, en vérité, je n'avais rien alors à compromettre.

Je viens de le relire, ce début de ma plume en politique, dépassé si brusquement par les faits, au lendemain même de sa publication. Je n'ai pas voulu en changer un mot, n'y trouvant rien du reste à désavouer. Si j'en juge par ce qu'il réveille en moi de souvenirs, il a conservé l'intérêt d'un renseignement digne de foi sur le travail qui se faisait dans les esprits, à cette heure importante de notre histoire où la France allait enfanter par surprise le suffrage universel. Pour être franc, la solution à laquelle je m'étais arrêté, me paraît encore aujourd'hui celle qui eût été la meilleure. Transformée en corps électoral, la garde nationale fût redevenue bien vite ce qu'elle était à l'origine, en 89, la nation armée. C'était encore une façon de suffrage universel; mais par droit de conquête, celui-là. Vous verrez qu'on y viendra, quand la classe de chaque année passera tout entière sous les drapeaux, et qu'il sera dit qu'on ne deviendra pas électeur autrement.

On sait ce qui arriva. Un conflit dans la rue éclata à Paris pour peu de chose, pour un banquet d'électeurs que Guizot, las d'être battu en brèche au dessert, avait soumis à la loi commune, et son gouvernement, attaqué par une poignée d'hommes au début, croula subitement sous le poids de l'indifférence et du mécontentement universels. Personne ne le renversa; tout le monde le laissa tomber. Pendant que les curieux allaient, d'un quartier à l'autre, voir où en était le combat, le bruit se répandit tout à coup que les soldats venaient de lever la crosse en l'air, et Louis-Philippe de se sauver en fiacre, qu'il n'y avait plus de roi, plus de ministres, plus de gouvernement, plus rien. Une foule entra dans la salle où siégeaient les représentants du pays légal, et les balaya comme une paille. La République, le suffrage universel, un gouvernement provisoire pris parmi ceux qui se trouvaient là, tout cela fut proclamé du même coup : il ne restait plus à la France qu'à se tirer de là.

Elle s'en est tirée; mais après combien d'années, et à quel prix?

Guizot, lui, s'en est tiré à meilleur marché. C'est à lui qu'a commencé la série des ministres pour lesquels il n'y a pas de tribunal. On ne lui a même pas fait l'affront sans conséquence d'une flétrissure votée à la majorité des voix. Après une promenade en Angleterre, il est rentré tranquillement chez lui, où la considération publique, cette récompense des hommes de bien, lui est restée fidèle jusqu'à son dernier jour. N'ayant pas de besoins d'argent, il n'avait joué la vie de son pays qu'au profit de ses besoins d'orgueil : c'était un parfait honnête homme.

Je lui devais cette oraison funèbre pendant que j'évoque en moi mes souvenirs du 25 février 1848. Le souvenir des colères dont je poursuivais dans sa fuite l'auteur responsable de cet effondrement national, est demeuré inséparable de celui de l'enthousiasme, mêlé de terreur, qui me dicta devant les barricades, encore debout, les premières feuilles des *Vertus du Républicain*.

J'étais ce jour-là un républicain du lendemain, ainsi que les anciens appelaient les nouveaux venus ; comme c'est un lendemain qui a maintenant trente et un ans de date, il ne me gêne plus beaucoup. Toujours est-il que ce fut pour moi, comme pour tant d'autres, une forte commotion de tomber ainsi, de but en blanc, dans la forme républicaine, dont j'avais bien déjà l'instinct—on le verra de reste tout à l'heure en lisant ce que Jean Moreau écrivait la veille, — mais à laquelle mon esprit n'était pas préparé. L'ivresse populaire, qui ne raisonnait rien, m'eut bientôt gagné, et la disparition complète, inespérée, de cette iniquité du cens électoral que je sortais de combattre, me semblait presque un triomphe personnel. Pour bien peu, j'en aurais fait honneur à ma pauvre petite brochure que personne n'avait lue : on n'avait pas eu le temps d'ailleurs.

Restait l'inconnu formidable contenu dans le droit de suffrage donné à tous, sans conditions. Quoi que décidât le suffrage universel, je savais d'avance qu'il faudrait en passer par là. Ce qui primait tout évidemment, c'était la nécessité absolue de le réconcilier avec la République.

Je viens de relire aussi les pages écrites

sous l'empire de toutes ces pensées, dans l'état de surexcitation nerveuse qu'ont connu tous ceux qui ont reçu, comme moi, le baptême de feu de notre grande révolution de février, si pure à son origine, si vite troublée, hélas! ensanglantée, souillée. Le lecteur n'aura pas de peine à reconnaître les passages qui m'ont fait sourire à cette distance, mais à ces pages-là, moins encore qu'aux autres, je n'aurais pas voulu non plus rien changer. C'est une note du lendemain, comme les autres sont une note de la veille, et je l'accepte entière, pour ce qui me concerne. Cela vous emporte quelquefois dans le naïf, en politique, de se sentir le cœur et la tête en feu; mais on én sort trempé pour le reste de sa vie.

Jean Macé.

Monthiers, 31 mars 1879.

JANVIER

LETTRES
D'UN GARDE NATIONAL
A SON VOISIN

PREMIÈRE LETTRE.

MON CHER VOISIN,

Ne sommes-nous pas voisins, et bons amis, francs compagnons, et sur le pied d'une égalité parfaite ? Depuis vingt ans bientôt que nous vivons côte à côte, il y en a-t-il un de nous deux, soit moi, soit vous, qui se soit cru un seul instant le supérieur de l'autre, à quelque titre que ce soit ? Nous sommes bien, n'est-ce pas, de la même pâte et du même bois, vivant dans les mêmes conditions, obéissant aux mêmes habitudes, soumis aux mêmes lois, accomplissant les mêmes devoirs, jouissant des mêmes droits, et rendant les mêmes services à la patrie ? Nos deux fils sont partis ensemble pour le même régiment, et les deux pères sont enrégimentés ici dans la même compagnie, montent d'égales factions au même poste, couchent fraternellement sur le même lit de camp, où il n'y a pas de places réservées que je sache.

Si l'on venait vous dire que l'on peut se fier à votre intelligence, et non à la mienne, vous diriez au flatteur que ce n'est pas vrai. Si l'on venait vous dire que l'on peut se fier à votre probité, et non à la mienne, vous diriez à l'insolent qu'il en a menti. Expliquez-moi donc, je vous prie, comment il se fait que, dans l'acte le plus important de la vie civile, vous jouissiez d'un privilége que je n'aie pas; comment, vivant constamment de plain-pied, à un jour donné, nous nous déplacions tout d'un coup, comment, en un mot, vous êtes électeur, et que je ne le sois pas.

Je vous estime trop, mon cher voisin, pour supposer un moment que vous fassiez de ceci une question personnelle, et que de petites vanités ou de petits intérêts puissent faire taire en vous la voix, je dirai presque le cri de la justice et de la raison, qui s'indignent et réclament contre un abus aussi monstrueux. Vous un privilégié, et moi un paria, mon voisin, un paria politique, s'entend; en vérité, pouvons-nous nous regarder sans rire en disant cela, et ne vous sentez-vous pas quelque peu honteux de la position exceptionnelle qui vous a été faite, honteux comme vous le seriez, par exemple, si, quand viennent les chaleurs, on vous permettait de ne pas arroser le pavé devant votre porte, et qu'on m'ordonnât à moi de le faire?

Beaux jours du privilège! qu'êtes-vous devenus? Cela embarrasse un homme à cette heure d'être l'objet d'une exception. Quel besoin avaient-ils aussi, nos brutaux de pères, de jeter à bas cette charmante institution du privilège, si plaisante à ceux qui en profitaient? Et quel diable abominable les poussait le jour où, comme des mal-appris, ils ont incivilement déclaré qu'à l'avenir la loi serait commune à tous? Les vilaines gens! et que voilà une maxime détestable, mal sonnante à des oreilles bien nées, issue du gouffre qui nous a vomi le règne odieux de la raison! Hélas! il faut bien en convenir, les enfants ne valent pas mieux que les pères. Nous aussi, nous entendons faire comme eux. Nous avons reçu d'eux, avec le reste, ce dogme funeste de l'égalité, triste héritage! Nous bafouons le privilège; nous le huons si bien, que nous le forçons à rougir de lui-même. Il aura beau faire, le malheureux, il est mort, et bien mort, et quand je le vois se remuer en désespéré sous les montagnes qui l'écrasent, je vous avoue qu'il m'inspire moins de colère que de pitié.

Ce n'est pas pour vous au moins que je dis cela, voisin. Vous pensez comme moi, je le sais, et vous parleriez de même au besoin. Vous vous laissez faire, et voilà tout. La faute en est à ceux qui ne comprennent ni nos besoins ni nos goûts; qui violentent la conscience publique, ici par la peur, là par les intérêts personnels; qui soutiennent en l'air, à bout de bras, un édifice absurde et sans base, flottant à six pieds du sol. Ceux-là se trompent de date assurément. Du privilège entre nous autres, amis et camarades, allons donc! Il y aura eu malentendu. On nous prend peut-être pour des hommes de 1788. Voyons, sans nous fâcher, et le cœur sur la main, avouez que vous devez vous sembler drôle, accoutré en privilégié, aussi drôle que si vous vous aperceviez habillé avec l'habit à la française, la culotte courte et l'épée, pour aller danser à la cour.

Je viens de vous parler de 1788. Certes je ne pense guère à faire l'apologie du privilège de ce temps-là; mais encore au moins avait-il sa raison d'être. Il correspondait à quelque chose d'existant dans cette société. Il s'adressait à des corps constitués, organisés, parfaitement en relief et bien distincts de la masse. L'ancien privilège s'était mis au service d'une classe à part, la noblesse, d'un ordre à part, le clergé. Les autres classes, les autres ordres n'y trouvaient pas leur compte, et ils l'ont bien fait voir. A tout le moins, le non-privilégié avait-il devant les yeux une ligne de démarcation bien tracée entre lui et le privilégié : c'était à prendre ou à laisser; mais cela avait l'avantage de se faire comprendre. Sans compter que les lois du royaume, ces bonnes vieilles lois sous lesquelles tant de générations avaient vécu, sans compter, dis-je, que ces lois proclamaient tout haut le privilège; il y était écrit à chaque page; il en était la base en quelque sorte, l'élément vital; et derrière la loi se dressait une foule menaçante, la moustache retroussée, le verbe haut, toute prête à la défendre, qui de l'anathème, qui de sa bonne épée. Le bâton des laquais était là à toute aventure; il ne faisait pas bon s'y frotter. Ce privilège-là était fort; il était conséquent avec lui-même, s'il ne l'était pas toujours avec la raison.

Aujourd'hui la position n'est plus la même. Les castes, les ordres en dehors du droit commun, nous ne savons ce que c'est. Qu'avons-nous fait des hommes d'église et de leurs arrêts sans appel, des hommes de race et de leur terrible épée? Quand nos gentilshommes d'aujourd'hui se passent encore quelque fantaisie d'autrefois, on les envoie, tout bourgeoisement, en police correctionnelle ou en cour d'assises, selon la gravité du cas. Et vous, mon cher privilégié, montrez-moi donc vos titres, vos parchemins, vos lettres royales, vos quartiers. Votre épée à vous, c'est votre sabre de garde national, et je vous en fais mon compliment : nous sommes frères d'armes. Vous n'avez point, n'est-ce pas, la prétention de faire souche? Vous ne vous croyez point d'un autre sang que vos concitoyens? C'est fort bien pensé à vous; mais alors sur quoi se fonde votre droit exclusif, à vous autres électeurs? Quel en est le sens, et d'où sort, s'il vous plaît, l'huile sainte qui a coulé incognito sur vos fronts?

J'ai entendu parler dans ces derniers temps de *caste électorale*. C'était une grosse injure, partie d'une bouche mécontente, et vous n'avez fait qu'en rire, parce que ce n'est pas vrai. Je sais aussi que dans certaines régions on a imaginé l'idée et le mot de *pays légal;* mais l'idée est malheureuse, et le mot n'a pas de sens. Quoi qu'on fasse ou dise, il n'y aura jamais qu'un pays en France, puisqu'il n'y a qu'une nation et qu'une patrie; et si, par hasard, on parvenait à en faire deux, le petit et le grand, ce serait tant pis pour le petit. D'ailleurs, personne ne voudrait en être, vous tout le premier.

Le privilège d'aujourd'hui n'a donc plus de masse compacte où se prendre, rien d'ample et de résistant qui lui donne du corps et du poids. Il se faufile dans la foule, et va s'accrocher au hasard d'une loi aveugle, à quelques individus isolés, en tout semblables à ceux qui les coudoient, souvent même inférieurs par leur condition à leurs voisins dédaignés.

Si c'est une aristocratie que l'on a voulu refaire,

convenez qu'on s'y est bien mal pris. Et quelle espèce d'aristocratie est-ce donc que celle-là qui, pour se recruter, monte et descend à chaque pas l'échelle sociale, et ne tient compte ni de la race, et pour cause, ni de l'intelligence, qui est la race d'aujourd'hui, ni de la position, ni des œuvres de ses membres improvisés, ni même de leur richesse effective, elle qui n'a d'autre base que la richesse? Une aristocratie qui plane indifférente au-dessus d'un nom historique et s'abat sans vergogne sur le premier manant venu, comme dirait une douairière ! Une aristocratie qui s'en va chercher dans ses landes ou dans ses montagnes quelque sauvage ignorant et ignoré, étranger aux choses, parfois même à la langue du pays qui prétend être le sien, et n'admet pas dans ses rangs le journaliste qui pétrit tous les matins l'opinion, l'historien, le poète, le savant, l'artiste, qui font, sans patentes, la gloire de leur patrie! Une aristocratie qui, dans une administration, par exemple, prendra le garçon de bureau de préférence au chef de service, si le chef de service n'a pas de patrimoine, et que le garçon de bureau, à force de recevoir la pièce, ait fini par acheter du bien! Une aristocratie que ne dégoûte pas la police correctionnelle, et qui fait bon accueil à un fripon retiré des affaires, quand il a su se maintenir sur la limite de la peine infamante; mais qui ferme sa porte, en revanche, à l'inventeur ruiné, au soldat vieilli sous le drapeau, à l'administrateur intègre, assez maladroit pour avoir manié trente ans les deniers publics sans en garder aux doigts ! Une aristocratie enfin, et cela je ne puis le lui pardonner, par amour pour la logique, une aristocratie d'argent qui fait fi du rentier millionnaire, pour tendre la main au pauvre paysan écrasé sous l'impôt, qui mange du pain noir et va voter en sabots ! L'on voudrait appeler cela une aristocratie !... Ah ! de quel immense éclat de rire nos anciens privilégiés, s'ils rentraient en scène, n'accueilleraient-ils pas la représentation bouffonne qui se joue devant nous ! Quelles moqueries ! et combien ils auraient raison !

Ne vous piquez point, mon voisin, ceci n'est pas une attaque : je vous défends d'une injure, et bien gratuitement, à vous dire le vrai. Je m'amuse à prouver une chose qui n'a pas besoin de preuves. Je pourfends l'aristocratie de 1847, et la Charte de 1814 a pour frontispice cette petite ligne toute simple et tranquille : *Les Français sont égaux devant la loi.*

Il n'y a donc pas chez nous d'aristocratie, c'est bien entendu, et nous n'y reviendrons pas. Mais alors pourquoi le privilège? Pourquoi l'effet sans la cause ? Si les Français sont égaux et qu'un droit spécial vienne, un certain jour, jeter entre nous deux l'inégalité, il faut de toute nécessité que ce jour-là il y en ait un des deux qui cesse d'être Français. Est-ce vous ou moi ? Il en faut un : nous ne pouvons sans cela perdre notre niveau ; autrement j'avoue que la Charte devient pour moi le plus impénétrable des logogriphes, et que plus j'y réfléchis, plus je m'y perds.

Et remarquez bien, voisin, que ce droit, mis en dehors de la communauté civile, est précisément celui qui a le plus de portée, civilement parlant. S'il s'agissait, à tout prendre, de quelque privilège insignifiant, de quelque prééminence honorifique, d'un caprice satisfait, de quelque vaine pâture livrée aux intérêts ou aux vanités d'un petit nombre, on pourrait encore s'entendre, et je ne vous chicanerais pas bien fort là-dessus. Mais voyez, je vous prie, quelle est la force de l'idée reçue, la puissance du fait accompli. Que demain une disposition législative vienne proclamer que les imposés à 200 francs sont seuls aptes à remplir la plus mince des fonctions publiques ; prenons, si vous le voulez, le grade peu envié de caporal dans la garde nationale. Quelles clameurs ! quelle insurrection dans tous les postes ! Et comme on aura bientot déterré cet autre article de la charte, l'article 3 qui n'est pas plus clair que l'article 1er : « *Ils* (les Français) *sont tous également admissibles aux emplois civils et militaires.* » Eh bien ! cette condition qu'on n'oserait imposer à un caporal de la garde nationale, on consent qu'elle fasse de droit un électeur, et qu'elle soit la seule admise. Beaucoup de gens trouvent cela tout naturel, et s'étonnent de la liberté grande des réclamants. Les plus raisonnables de la troupe se contentent de les appeler des brouillons. En général, ces gens-là sont imposés à 200 francs.

Or, savez-vous bien ce que c'est qu'un électeur? Ce n'est rien de particulier tant que l'an dure, et trois, quatre, cinq années durant. Aussi n'y fait-on pas alors grande attention, et le droit lésé s'endort en présence de cette longue nullité. Mais il vient un jour, une heure, où l'électeur est la grande puissance nationale, la seule presque, puisque ses arrêts doivent avoir force de loi, et la royauté elle-même, inattaquable sur son trône inaccessible, ne les attend pas toujours sans une secrète palpitation. Elle peut en appeler; mais à qui? à l'électeur qui a le droit de persister. Au delà de cet appel, toujours incertain, s'entr'ouvre l'abîme des révolutions. Vous connaissez le terme : on vous l'a redit assez de fois.

Certes, si c'est là une petite chose, un détail mesquin, si ce n'est pas là, au contraire, l'acte par excellence de la vie de citoyen, le plus élevé des droits civils, et le plus digne d'envie, quel sens donne-t-on au mot de citoyen? quelle idée se fait-on du droit civil? Ce droit de l'électeur, mais c'est la grande conquête de 89, ratifiée en 1830, c'est l'exercice de l'autorité nationale, autorité souveraine, il faut bien le dire entre nous, en dépit des contradicteurs; c'est le droit de faire la loi, droit que l'électeur transmet au député par délégation, et que celui-ci ne tient que du commettant.

Je sais bien que le député n'est pas seul de son côté à faire la loi; mais, de bon compte, quel est le maître, de ses collaborateurs ou de lui, puisque, s'il veut bien une chose et qu'on n'en veuille pas, il a le pouvoir d'arrêter le jeu de la machine gouvernementale, en tirant à lui les cordons de la bourse, procédé vulgaire, mais décisif?

Dieu nous garde, mon voisin, de ces collisions périlleuses, dont le bénéfice le plus clair se récolte toujours là-haut en dernière analyse, rarement par les meilleurs, et dans lesquelles, pour de petites gens comme nous, il n'y a guère que de l'argent à perdre et des coups à gagner! Dieu nous en garde! mais enfin, si quelque jour la lutte venait à recommencer, de quel côté seraient les chances, dites-le-moi.

Or, s'il en est ainsi du député, à plus forte raison de vous qui faites le député. En y regardant de près, savez-vous bien, voisin, que vous êtes un petit roi, une fraction, un deux ou trois cent millième de roi? C'est flatteur cela. Salut à Votre Majesté! Mais moi aussi j'ai des prétentions à ma fraction. Nous sommes égaux, s'il me semble, vous savez : Article 1er, etc. ; et que devient notre égalité si vous faites partie d'un tout royal et que je reste au pied du grand trône sur lequel vous avez une place ? Rappelez-vous que ce trône est le fruit d'un labeur commun, à nous et aux nôtres. Mon père était à la prise de la Bastille avec le vôtre, et j'ai été blessé, s'il vous en souvient, à côté de vous par un Suisse de cet infâme Charles X, style d'autrefois, qui avait voulu porter la main sur l'arche électorale. Nous avons travaillé ensemble ; jouissons ensemble, s'il vous plaît. Si le prix de nos peines est important, c'est une grande injustice à vous, une action vilaine et malséante, de vous en faire le détenteur unique. Si c'est peu de chose, pourquoi y mettre de la mauvaise grâce ? Voyons, soyez bon prince ; j'ai la faiblesse de tenir à cette misère. Sire, rendez-moi ma part de royauté.

« Tout beau ! me direz-vous, ce n'est pas de cela seulement qu'il s'agit ici. Votre droit, qui le conteste ? Pour ma part, s'il ne dépendait que de moi, je vous tendrais volontiers la main pour grimper à mon côté, en supposant que cela vous fasse bien envie. Mais vous n'êtes pas le seul en France, mon cher ami. Si nous laissions monter à l'assaut tous ceux qui se présenteraient, il en viendrait dans le nombre qui nous feraient honte et dommage. La nation en masse est souveraine, à coup sûr ; mais il faut un choix dans la masse si l'on veut que ce droit de souveraineté s'exerce sans danger pour la chose publique. C'est précisément parce que la fonction d'électeur a toute l'importance que vous lui reconnaissez qu'il convient de ne pas l'abandonner à tout venant, aux ignorants comme aux gens instruits, au malhonnête homme comme à l'honnête. La société peut donc et doit exiger une garantie de l'électeur : nous la donnons, elle nous accepte; vous ne la fournissez pas, elle vous rejette. De quoi vous plaignez-vous? La lice est ouverte; le programme est le même pour tous : remplissez les conditions, on ne vous en demande pas davantage. Est-ce notre faute, à nous, si vous ne payez pas 200 francs? »

Ceci est bientôt dit, voisin, et répond à toutes les raisons du monde. Il est vrai que le gentilhomme de 1789 aurait eu beau jeu à en dire autant : « Est-ce ma faute, à moi, mes amis, si vous n'avez pas de parchemins en poche? »

Je me figure une loi électorale à laquelle on n'a pas encore songé, et c'est vraiment dommage, qui prendrait les gens à la taille et fixerait par mètres et centimètres, au lieu de francs et décimes, la valeur sociale d'un individu. Taille, fortune, deux hasards! « Est-ce ma faute à moi, mes pauvres enfants? » dirait au petit l'heureux possesseur de la hauteur légale. Ce serait là aussi une garantie à votre manière. Si les plus riches, pourquoi pas aussi les plus grands, les plus forts? Les tribus du centre de l'Afrique ne composent pas autrement leur aristocratie.

« Pauvre modèle à proposer! » vous exclamez-vous. Sans doute; aussi, comme vous, suis-je d'avis qu'à une société civilisée c'est une garantie morale, une garantie intelligente qu'il faut donner, et vous ne la donnez pas précisément. La brutalité des écus n'est pas d'une espèce plus relevée que la brutalité des muscles: l'une ne garantit rien de plus que l'autre, et, franchement, avez-vous bien bonne grâce à faire fi des ignorants, vous autres qui fournissez à la société, avec votre fameuse garantie, des électeurs qui ne savent seulement pas écrire leur nom?

De moralité, n'en parlons pas, s'il vous plaît. Sans donner au pauvre le monopole des vertus, ce qui ne serait pas juste non plus, je vous prierai de remarquer que votre brevet de moralité, à vous, n'a qu'une signature, celle du percepteur des contributions, et vous tomberez d'accord avec moi qu'il n'est pas juge de la matière. Tant que vous n'aurez pas d'autre diplôme à présenter, souffrez que vos compatriotes, moins bien partagés par le sort, soient vos égaux dans l'estime publique. Pauvreté n'est pas vice, que je sache, et pourquoi douter d'eux plus que de vous?

Notez qu'en accordant aux riches, je veux dire aux gros contribuables, l'égalité de vertus, je me brouille avec tous les moralistes connus, avec l'enseignement constant des religions et des philosophies, avec l'opinion de tous les temps, de tous les pays. S'il vous souvient de l'Evangile, vous savez ce qu'y dit quelque part Jésus-Christ, qu'il est plus facile à un chameau de passer par le trou d'une aiguille qu'à un riche d'entrer dans le royaume des cieux, c'est-à-dire d'être honnête homme. Les philosophes, je vous en fais grâce; laissez-moi seulement vous citer ce vieux dicton qui a consolé tant de misères: *pauvre mais honnête,* dicton qui n'aurait plus cours aujourd' hui : vous avez consacré tout le contraire. Il appartenait à notre siècle, si plein de mépris pour ses devanciers, de renverser toutes les idées reçues sur la distribution en sens inverse des richesses et des vertus, d'entreprendre la glorification morale de l'homme d'argent et d'arracher au pauvre sa consolation dernière, le droit à l'estime. « Tu te dis honnête, mon ami; je n'en crois rien. Montre-moi ta cote! 6 francs 50 centimes. Elle est immorale; passe au large. »

Pauvre humanité, qui ne fait guère que changer d'errements et qui appelle cela le progrès! Autrefois chez nous, à chaque avènement, le roi nouveau commençait son règne par faire rendre gorge, comme on disait, aux financiers. Leur faire rendre gorge c'était les pendre, les écarteler, confisquer leurs biens. Les gens d'alors ne faisaient qu'en rire. Survenait-il un besoin public, souvent même sans besoin, pour un caprice, on tombait sans crier gare sur les marchands d'argent; on les tuait, on les pillait sans remords; c'était de bonne guerre. Argentier et voleur étaient synonymes. Le temps et la raison ont fait justice de cet abus. En revanche, argent est devenu le synonyme légal de vertu civile. Une loi est venue proclamer qu'à une somme donnée commençait la confiance de la société dans chacun de ses membres; qu'au-dessous elle ne reconnaissait plus de citoyens. Une loi a proclamé cela, et les gens d'aujourd'hui ne font qu'en rire; ils trouvent la loi très-bien imaginée. Un homme est flétri, déshonoré, notoirement incapable; il a volé sa fortune; il ne sait pas lire: n'importe. Il paye 200 francs : il a la confiance de la société. En fait de contributions, la recherche de la paternité est interdite. Un autre homme est l'orgueil de sa patrie, c'est un génie, un héros : n'importe encore. Il ne paye pas 200 francs; la société ne le connaît pas. Payer ou ne pas payer, toute la question est là. Et c'est la loi qui l'a posée ainsi, la loi, c'est-à-dire l'interprète avoué de la conscience publique, l'expression suprême des notions courantes de justice et de raison. Ah ! voisin, nous ne sommes pas toujours plus forts que les ignorants nos ancêtres !

Tenez, ne nous emportons pas ; je sens ma bile se remuer et j'en ai regret : nous avions commencé plus amicalement. La colère me prend malgré moi, à suivre la loi dans ses conséquences dernières, à fouiller sa base, à regarder ce qu'elle a dans le ventre, comme on dit, et si je me fâche trop fort, nous ne nous entendrons plus. Laissons donc là les principes généraux et la théorie ; venons au fait et regardons-nous dans le blanc des yeux : c'est de vous et de moi qu'il s'agit.

Or, vous et moi, nous ne sommes ni le riche ni le pauvre, n'est-ce pas ? Nous sommes tous les deux de braves gens qui gagnons notre vie comme nous pouvons, et dans les deux classes que nous représentons ici, la majorité en est là, convenons-en, de votre côté comme du mien. Retranchons de votre bande tous ceux qui travaillent pour gagner leur vie, retranchons de la mienne tous ceux qui la gagnent en travaillant, nous aurons retranché la société tout entière. Que la vie soit gagnée plus ou moins aisément, plus ou moins largement ; que le travail soit de la tête ou des bras ; que le prix du travail soit 100,000 francs par an, ou plus, trente sous par jour, ou moins ; qu'il y ait trop en haut, trop peu en bas : ceci est une autre question, la plus grave de toutes assurément, mais qui n'est pas en jeu pour le moment. Je ne m'occupe présentement que d'une chose, à savoir, que du haut en bas nous sommes tous dans les mêmes conditions d'existence, que nous gagnons tous notre vie : la seule différence est du plus au moins. Partant, nous sommes tous intéressés au maintien de l'ordre social, et, comme tels, aptes à revendiquer la confiance de la société, puisque pour tous du maintien de cet ordre dépendent nos moyens d'existence, notre vie et celle des nôtres, toutes choses qui sont aussi chères, croyez-moi, au paysan qu'au banquier, à l'ouvrier qui possède ses bras, et qui du revenu de ses bras achète du pain à ses enfants, qu'à l'homme qui possède une lieue de pays, et en jette le produit à ses maîtresses.

Regardez de bonne foi se qui se passe autour de vous, voyez le monde tel qu'il va, et dites-moi si ce qui échappe à cette règle générale n'est pas la minime exception. Entre le millionnaire désœuvré, et l'indigent sans moyen d'existence, ces deux monstruosités qui sont la couronne et la base de la pyramide sociale, il y a, je vous le répète, la société tout entière avec ses ramifications infinies qui montent, descendent, se croisent, s'enchevêtrent dans un réseau si inextricable que je mets le plus habile au défi de me montrer à quelle hauteur est placée la ligne de démarcation entre le riche et le pauvre, et à quel point vient mourir la classe des propriétaires, puisque l'on veut à toute force que le débat à vider ici soit entre ceux qui possèdent et ceux qui ne possèdent pas. Quand on aura trouvé cette ligne, ce point, qu'à droite et à gauche on établisse, s'il l'on veut, le camp des électeurs et la horde des non-électeurs, qu'on bâtisse la ville et les faubourgs; alors on sera peut-être immoral, du moins on ne sera pas absurde.

Je ne saurais quitter ainsi ce sujet ; il fait tout le fond de notre loi électorale, et on ne l'a guère mieux compris, à mon avis, dans l'attaque que dans la défense. On a voulu couper par tranches, en quelque sorte, un corps dont toutes les fibres s'entrelacent, tracer des zones sur un terrain dont la pente est imperceptible, établir des classes et des divisions de couleurs tranchées là où je ne vois que des nuances individuelles qui se fondent de l'une à l'autre par une dégradation inappréciable.

Voilà bien des comparaisons, voisin; mais je ne sais comment me faire assez comprendre, car tout le mal vient de là, j'imagine, et si la question reste pendante depuis si longtemps, il me semble que c'est pour avoir été mal posée. Les uns m'ont dit que vous étiez le riche, mon oppresseur et mon tyran ; qu'il fallait m'insurger contre vous, et, comme nous avons l'habitude de faire tous les soirs notre partie de dominos ensemble, je vous avoue que j'ai eu de la peine à me décider. D'un autre côté, o vous a dit à vous que j'étais le pauvre, votre en nemi, votre danger, un loup affamé ne demandan qu'à mordre, et qu'il fallait avoir peur de moi, bie peur; et en vérité, nous sommes trop bons ami pour que la chose vous fût facile. On a dépens ainsi bien de l'encre, de la salive et du temps san avancer à rien, et, pendant que l'on me criait moi : En avant ! » à vous : Prenez garde ! » nou sommes restés bras dessus bras dessous, ne sachan trop que jeter dans l'abîme qui nous séparait, à le entendre. Un abîme ! cela donne à réfléchir entr voisins. Nous sommes arrivés ainsi à l'heure qu'i est, ne livrant chacun que la moitié d'une oreille nos conseillers, moi n'insistant qu'à demi, vou n'osant refuser tout à fait, tous deux n'ayan donné gain de cause à personne. Chaque année l débat recommence, on se regarde, indécis, et l chose en reste là.

Il est temps que cela finisse. D'abîme entr nous deux, je n'en connais point. Je ne voi qu'une porte de communication condamnée, et c n'est pas une affaire de la rouvrir. Vous n'avez pa plus lieu d'avoir peur de moi que je n'ai de sujet de haine contre vous, et descendons ensemble d degré en degré, nous aurons beau chercher, nou ne trouverons nulle part ni la peur ni la haine Avons-nous peur du charbonnier d'en face, qui es bien du peuple pourtant? Et celui-là, un homme établi, patenté, ne trinque-t-il pas en camarade avec le commissionnaire du coin, un non-possesseur qui ne nous hait pas assurément, et ne se doute pas le moins du monde que nous soyons ses oppresseurs? D'anneau en anneau, nous irions loin ainsi, et s'il vous plaisait à vous de remonter à votre tour, où s'arrêterait cette poignée de main fraternelle qui se repasse d'un bout à l'autre de la société?

Ne nous créons donc pas des monstres pour donner à certaines gens le plaisir de nous voir cloués en arrêt l'un devant l'autre. Des riches et des pauvres, oui, certes, il y en a, et c'est encore un grand malheur; mais le riche et le pauvre sont deux êtres de convention, entre lesquels nulle institution humaine ne saurait trouver à se loger, par la raison qu'ils se déplacent sans cesse comme dans un mirage, et qu'ils s'enfuient ou se rapprochent, selon le bout de la lorgnette. Le pauvre, mais c'est vous, mon cher électeur, pour le chanteur hors ligne, qui peut bien ne pas voter, et dont le coupé couvre de boue en passant votre paletot acheté à la Belle-Jardinière. Le riche, mais c'est moi, sans contredit, pour bien des électeurs de campagne qui me donneraient du Monsieur tout autant que j'en voudrais.

La question n'est donc pas entre le riche et le pauvre; elle ne saurait y être, puisque ce sont les deux abstractions. Elle est entre ceux qui veulent une représentation nationale sérieuse et réelle, et ceux qui pensent que cela n'en vaut pas la peine. Elle est, tranchons le mot, entre la révolution et la contre-révolution. Il s'agit de savoir si nous datons de 1789 ou de 1814, et quel est le principe qui a triomphé en 1830.

Vous ouvrez de grands yeux, et vous allez m'appeler républicain. Mais, voyons, ne vous est-il jamais arrivé de chercher à vous rendre compte de ce que doit être une représentation nationale, et n'avez-vous jamais remarqué que les jours où la nation est supposée s'assembler en certains lieux pour nommer ses députés, il ne manque personne dans les rues?...

Et, pour vous-même, n'avez-vous jamais senti quelque honte de tenir votre brevet de citoyen de la main d'un caissier? Est-ce là, dites-moi, un titre bien glorieux, bien solide surtout? car, pour laisser dormir le sentiment de votre dignité personnelle, ne voyez-vous pas que le jour où un fripon vous dépouillerait de votre avoir, il ramasserait en même temps votre bulletin d'électeur, arraché de vos mains par la loi? Et ce serait pour rester citoyen dans ces termes que vous vous obstineriez, au mépris de la justice et de la raison, au mépris des lois même qui priment toutes les autres, et qui sont, en quelque sorte, la note dominante de notre constitution, que vous vous obstineriez, dis-je, à tenir en dehors du droit commun vos voisins, vos amis, une foule d'hommes que vous aimeriez, que vous estimeriez, un à un, si vous les connaissiez tous, et que l'on voudrait vous persuader de proscrire en masse? Comment votre esprit façonné aux habitudes de vie, aux goûts, aux croyances de notre siècle, a-t-il pu se familiariser avec l'idée du privilège à ce point que voilà dix-sept ans qu'on vous demande, sans pouvoir l'obtenir, ce que les abbés et les marquis des États-Généraux ont accordé en une nuit à nos pères, le retour à la loi commune?

C'est pour cela que je vous parle de révolution et de contre-révolution. En avons-nous fini décidément avec les velléités aristocratiques, avec les distinctions d'ordres et de classes, avec les écarts consacrés du droit public? Formons-nous enfin une seule race, une seule nation, et le principe d'unité morale dans la société doit-il combattre encore longtemps avant de passer de la théorie à la pratique, de la société elle-même dans la loi, de la loi générale dans toutes les lois particulières? Il n'y a rien autre chose en jeu, croyez-moi, et les terreurs dont on vous assiège n'ont pas plus de fondements que les colères qu'on croit devoir nous souffler.

Ah! si la loi était conséquente avec l'état de la

société, s'il y avait parmi nous réellement des castes, et qu'au lieu d'être mon voisin vous fussiez de bon mon suzerain, je ne vous tiendrais pas ce langage. Peut-être bien y mettrais-je un peu plus de fiel, et je ne vous conseillerais pas, voyez-vous, d'être parfaitement rassuré. Une société ne se modifie pas sans secousse ; elle ne change pas ses bases impunément. Mais ici c'est la société, au contraire, qui fait effort pour revenir à sa forme naturelle, générale, dont une loi inintelligente l'écarte violemment sur un point donné. L'égalité existe, grâce au ciel ; il n'y a plus rien à démolir pour lui faire sa place au soleil. Il n'y a plus qu'à bâtir sur les larges fondements qui lui ont été jetés dans le sol.

Laissez donc dire ceux qui vous parlent d'une invasion de barbares. Les barbares, ce sont nous, voisin, nous, vos amis, vos camarades, vos concitoyens, nous qui vous saluons dans la rue, nous dont vous serrez la main à toute rencontre. Nous ne venons pas jeter à bas la maison, nous en sommes nous-mêmes de la maison. Nous ne montons pas à l'assaut ; nous frappons à la porte. Ouvrez, voisin ; il se fait tard : nous avons hâte de rentrer chez nous.

DEUXIÈME LETTRE.

Mon cher voisin,

Je reprends la conversation où nous l'avons laissée. Je crois vous avoir établi en homme raisonnable que le privilège dont vous jouissez n'est ni moral, ni logique, ni surtout en harmonie avec le milieu dans lequel vous vivez. Je me plais à vous tenir convaincu que ce privilège est un abus et non un droit, et que le jour où l'on en aura raison ce sera tant mieux. La conclusion doit vous offusquer d'autant moins que c'est vous-même, mon ami, qui demeurez chargé de l'exécution. Il ne s'agit pas de vous forcer la main : vous en aurez l'honneur. Donc, en attendant votre bon plaisir, laissons là ce qui est, et parlons de ce qui devrait être.

Seriez-vous d'avis qu'il suffise, pour rentrer dans le juste et le vrai, d'abaisser d'un degré, de plusieurs au besoin, le cens électoral? De cette façon, me direz-vous, vous serez électeur; c'est une affaire de quelques francs, et vous voilà satisfait!

C'est-à-dire que je passerai avec armes et bagages dans les rangs des privilégiés, et que ce sera mon tour de crier : *On ne passe pas!* A vous le dire net, j'y tiens peu. Si j'étais satisfait d'ailleurs pour mon compte personnel, la justice ne serait pas satisfaite, ni la raison, et celui qui marcherait derrière moi viendrait me répéter demain ce que je vous dis aujourd'hui. Je ferais une sotte mine, je vous jure, et porterais mal le panache du privilège. Outre qu'il ne me sied pas mieux qu'à vous, j'ai l'habitude en moins.

Reculer la barrière du cens, c'est tout simplement déplacer l'absurdité; et qu'importe la place, si nous restons dans l'absurde! Nous laissons le droit de cité emprisonné dans la caisse du percepteur, pêle-mêle avec les écus et les gros sous; nous laissons la pauvreté en interdit, sans autre raison que celle-là, qu'elle s'appelle la pauvreté. Cela ne sera jamais bien. Le cens descendrait assez bas pour vous entraîner par le fait jusqu'au point où je veux vous conduire, que je ne lui donnerais pas encore raison. Ce n'est pas à lui à faire les citoyens. Le vicieux, l'odieux de la loi, c'est sa base même, cette base d'argent, inique, immorale, indigne d'une nation qui veut bien se dire libre et éclairée, et qui l'est au bout du compte, n'est-ce pas? Ne l'injurions pas trop. C'est donc à la base qu'il faut toucher, ou nous ne ferons rien de raisonnable, rien de digne, rien de bon.

J'en dirai autant de ce progrès pour rire qui a nom l'*adjonction des capacités*, progrès qui me semble, à moi, en sens inverse ; au lieu d'un privilège, il en donne deux, et, en vérité, je ne sais pas pourquoi les partisans du privilège actuel se donnent tant de peine pour barrer la route à celui-là. S'ils n'y voyaient rien autre chose en jeu, ils reconnaîtraient bien vite que c'est un renfort qui leur arrive, un élément de force morale prêté bien gratuitement à la richesse par l'intelligence, qui ne fera jamais qu'une minorité imperceptible dans son camp nouveau, en raison des conditions d'admission qui lui sont posées, et qu'après cette défection, si je puis l'appeler ainsi, le droit commun n'en aura que plus de peine à triompher, privé qu'il sera de son argument le plus frappant, sinon le plus solide.

Un professeur d'histoire ou de philosophie mis au-dessous d'un laboureur en matière électorale ; les études, qui sont la base de la science politiques primées par le travail manuel sur le terrain même de la politique, c'est là une conséquence qui saute aux yeux de tous; elle afflige les esprits les plus superficiels, ceux qui semblent se douter à peine qu'il y ait ici un droit en souffrance, et la mauvaise foi elle-même ne sait comment se garer de l'objection. Vous lui ôtez une épine du pied en faisant intervenir sur ce point l'exception, et, la conscience en repos de ce côté, elle fera meilleur marché du reste.

Encore si les patrons de la capacité avaient su mieux définir leur mot de ralliement, en même temps qu'ils se seraient ménagé des chances plus certaines de succès, ils auraient au moins donné un sens à l'exception qu'ils proposent. Mais il y a mille capacités (je n'ai pas besoin de m'étendre là-dessus), et ils n'en ont vu qu'une, celle qui sort des collèges hérissée d'algèbre, cuirassée de grec et de latin. Leurs capacités doivent, au préalable, passer par la filière des examens scientifiques et littéraires; elles n'auraient pas de place ni pour Béranger, ni pour Chateaubriand, qui ne sont pas licenciés ès lettres, non plus qu'ès sciences. A plus forte raison de nous autres, voisin, qui ne comptons pas pour ces gens-là. Quoi que nous valions, quoi que nous fassions, nous ne serons jamais capables à leur manière, à moins de nous mettre au rudiment, et d'apprendre à faire des vers latins. Aussi, que nous importe l'adjonction de leurs capacités? Ce mot-là n'a pas été fait pour nous.

Notez qu'il faut être riche, en général, ou pour le moins protégé par les riches, pour être à même de savoir toutes ces belles choses, qui font les capacités dont sont remplis les salons; que les bacheliers, les licenciés, les docteurs, conviés par ces messieurs au banquet électoral, y sont assis déjà pour la plupart, et que les nouveaux venus se compteraient peut-être par centaines, tandis que ceux qui attendent à la porte se comptent par millions. C'est donc une question de principe qui se trouve en jeu bien plutôt qu'une question de fait, et quel principe! C'est le privilège de la richesse sommé d'admettre à ses côtés le privilège de l'intelligence, d'une certaine intelligence, entendons-nous, de celle qui est sœur de la richesse. Laissons-les s'arranger en famille; ces choses-là ne nous regardent pas.

Je sais bien que ces réformes, pour moi mesquines et sans portée, il s'est rencontré des gens qui les ont proclamées subversives, intempestives, et, comme telles, n'en ont pas voulu. Je sais que ces gens-là s'indignent et déclarent par avance la patrie en danger, à la seule pensée qu'on puisse demander davantage. Qu'y faire, voisin? Les laisser dire; il y a des conversions impossibles. S'ils croient réellement cela, ils font bien de le dire. Leur conviction est libre, au même titre que la mienne; et s'ils ont peur de la nation française, qui saurait les en empêcher? Qu'importe d'ailleurs si vous n'en avez pas peur, vous à qui je parle, et qui, un jour ou l'autre, êtes appelé à trancher la question? Qu'importe que je ne sois rien pour eux, si je suis quelque chose pour vous? Car enfin ce n'est pas pour rien que vous me représentez, n'est-ce pas; et puisque nos idées, nos vœux, nos besoins à tous doivent passer, pour devenir la loi, par votre bouche à vous autres, qui êtes la représentation nationale, il faudra bien pourtant que cette bouche se décide à le prononcer enfin, le mot que nous lui soufflons tous. Les fictions ne sont permises, en politique comme ailleurs, qu'à la condition de ne pas jurer trop fort avec la réalité; et votre conscience, ami, est là pour vous avertir que votre vote ne vous appartient pas à vous tout seul, qu'il doit être le résumé de tous les nôtres. Si ceux-là ne comptent pas pour vous, pour qui donc, bon Dieu, compteront-ils? La loi, en nous déclarant mineurs, a décidé que vous seriez notre interprète: c'est une mission sacrée, savez-vous bien, que cette tutelle morale qui vous a été donnée! et, quand vous sondez votre opinion, il faut, sous peine d'être un mandataire infidèle, il faut que vous pensiez à la nôtre.

Donc je demande, et, au nom de la loi, je vous somme (pardon, mais c'est la formule), je vous somme, vous qu'elle a nommé mon fondé de pouvoirs, de demander pour moi qu'il me soit permis de me représenter moi-même, vu que je sais mieux que personne ce qu'il me faut, et que nous soyons débarrassés tous les deux du mensonge de cette procuration, que je suis censé vous avoir passée quand vous savez fort bien qu'il n'en est rien.

Cela, je le demande, non en haine de vous, ni par défiance de votre fidélité à interpréter mes vœux. Nous sommes bien forcés de penser ensemble, vivant ensemble; et autrement, croyez-vous que la fiction aurait duré si longtemps? Je le demande parce que c'est juste, parce que c'est mon droit, et aussi, disons-le, votre devoir. Une procuration qu'on désavoue n'est plus valable pour un honnête homme; et si l'idée ne saurait vous venir d'aller passer un marché de vingt-cinq francs, en mon nom, sans mon aveu, comment pourriez-vous supporter celle d'aller voter pour moi, malgré moi? Vous êtes la représentation nationale, voisin; je vous poursuivrai de ce mot jusqu'à ce que vous l'ayez bien compris; nationale, entendez-vous? Vous représentez la nation comme le député vous représente; tous les deux vous avez votre mandat: seulement, le sien, il sait où le prendre; le vôtre est épars dans la volonté générale. Vous le trouverez en interrogeant les échos, et que vous diront-ils? voyons un peu.

Ils vous diront que trente-deux années, les plus fécondes qui furent jamais, n'ont pas passé en vain sur la France depuis le jour où Louis XVIII lui octroya sa charte, l'œuvre de M. de Vitrolles et de Talleyrand, deux amis suspects de la liberté, la condition *sine qua non* imposée à l'émigré de Coblentz par Alexandre, un autocrate qui se passait une fantaisie libérale, et que nous avons écu assez longtemps sur la donnée des inventeurs du cens. Ils vous diront que les germes puissants jetés dans le sol par la révolution de 1830 ont grandi en silence loin de vos débats de tribune, amoindris par l'intérêt privé, et que, pendant que se livrait la grande bataille du sucre indigène et du sucre colonial, des vins voyageurs et des fers à domicile; pendant que les banquiers s'arrachaient les lignes de chemins de fer, et que M. Thiers disputait le pouvoir à M. Guizot, tout un monde d'idées fermentait dans les masses, qui avaient pris au sérieux les flatteries d'un jour; de nouvelles couches de la population montaient à mesure au sentiment de la vie politique. Ils vous diront que, depuis que le hurlement de l'émeute a cessé de gronder, les esprits sages, les plus dangereux de tous quand on veut les combattre, les esprits sages sont revenus à la pente de ce siècle; que les colères des combattants eux-mêmes sont tombées avec le temps; que, se sentant devenir plus forts, ils se sont trouvés plus calmes, et que, si le fausset des cris de rage vient faire encore la contre-partie des notes sourdes de l'alarme, entre le chœur des impatients et celui des peureux s'élève une voix immense et tranquille, formidable sans effort, celle d'un peuple entier qui demande son droit, qui le demande sans crier, parce qu'il sait qu'il l'aura.

Voilà ce qu'il y a dans l'air, voisin, et toutes les lameurs du monde ne l'en feront pas descendre. Ceux qui vous parlent de dangers ne savent ce qu'ils disent. De dangers, il n'y en a qu'un, c'est le s'obstiner plus longtemps. Le danger, c'est de aisser le champ libre à ceux qui répètent qu'on utte en vain contre des résistances de parti pris. e danger, c'est de ne pas comprendre, de ne pas ouloir, si l'on comprend. Si rapide que soit un ourant, il n'y a que les obstacles qui le fassent cumer. C'est l'émigration qui nous a valu la Tereur, rappelez-vous bien cela, l'émigration, c'est--dire les idées et la race qu'elle représentait. Notre émigration d'aujourd'hui a un nom, elle 'appelle : les conservateurs. Mais cette fois le mot ie représente plus pour moi qu'un parti tronqué, ine association de chefs de file, un noyau diri-eant, l'état-major, et non l'armée. L'idée dont ils e targuent appartient à tous : ils auront beau se écerner des brevets d'invention, ils n'en auront amais le monopole. Bien pis, vous l'avouerai-je, ai peine à croire à leur orthodoxie. Tenez, entre ous, quand je les entends pérorer dédaigneuse-nent sur les tempêtes qu'ils provoquent de sang-roid, je serais tenté de croire que leurs soucis de onservation ne vont pas loin, et qu'ils se con-ervent religieusement eux-mêmes. De la société ue volontiers, si on les laissait faire, ils mettraient, comme on dit, dans du coton, Dieu sait mieux que moi ce qu'ils en pensent, et combien de fois cette pensée-là les a empêchés de dormir. Heureusement ils ne sont pas assez forts, et, partant, peu dangereux. Ils le savent, et ne demanderaient pas mieux que de capituler, mais à quelles conditions ? Garder le profit du privilège, en retournant, comme ils pourront, vers le droit commun, être justes sans rien y perdre, et céder impunément à la raison qu'ils outragent, c'est là le problème qu'ils me paraissent s'être posé : je ne suis pas étonné qu'ils le trouvent si difficile à résoudre.

Aussi voyez comme ils se tâtent le pouls, comme ils s'interrogent d'un air inquiet, comme ils s'écrient qu'on va les déborder, comme n'osant par pudeur contester le principe, ils se rabattent sur l'application, et nous montrent d'un geste indécis, dans un avenir indéfini, l'espoir indéterminé de réformes lentes et ménagées, très lentes et très ménagées, si lentes et si ménagées, qu'on n'en voit rien venir en fin de compte. Puis, si l'on se fâche, ils déclarent aux gens qu'ils n'auront rien, pour leur apprendre à vivre.

Je les comprends du reste, et du fond de mon cœur je les excuse bien sincèrement, les pauvres gens. L'opportunité de leur chute, la proclameront-ils jamais ? Leur système électoral, c'est un château de cartes : par le vent qui souffle, comment y touer même du bout du doigt, sans qu'il croule du ut en bas ? Ils le sentent fort bien, allez, car ils t le flair aussi fin que personne ; aussi n'en aurez-us rien, croyez-moi, vous qui demandez l'abais-ment du cens, et vous qui demandez l'adjonction modeste des capacités. C'est un suicide en détail ie vous leur proposez là : vous ne serez pas ieux venus que nous qui l'offrons en gros. Une erre arrêtée sur un penchant peut bien s'y main-nir immobile : le mouvement l'emporte, si elle ouge. Or, la loi des sociétés n'est pas de vivre n équilibre sur la corde roide, de n'oser remuer ns craindre une chute. Quand une institution en t là, on peut dire qu'elle est jugée. Ce qu'il lui ste de mieux à faire, c'est de s'exécuter de bonne râce, et de tomber en saluant.

Est-ce à dire pour cela, voisin, que la société va : trouver débordée en même temps que ceux qui . conservaient, apparemment pour ses beaux eux ? Est-ce à dire que toutes les idées saines ont s'exiler avec eux ? Emporteront-ils les dieux e la patrie entre leurs mains vaincues, et serait-il rai que l'anarchie nous attende aux portes du pri-ilège ? Je ne vois pas cela. Je regarde autour de ioi, et je ne puis croire qu'en dehors d'un petit rcle donné, il ne reste plus autre chose que des asse-cous en France. J'avoue que je me sentirais rofondément humilié dans mon amour-propre national, s'il pouvait me venir un seul instant à la pensée que la majorité de mes compatriotes fût une majorité de brouillons. Pas plus que vous, je ne tiens à voir le progrès s'introniser par le désordre et la violence; pas plus que vous, je ne suis partisan de l'émeute qui arrête tout, en remettant tout en question, de l'émeute qui nous a retardés de quinze ans, et que nous expions encore aujourd'hui, de l'émeute qui nous a donné nos conservateurs, à peu près comme les carmagnoles de 93 nous ont donné les dorures et les fanfreluches de la cour impériale. L'insurrection n'est pas pour moi le plus saint, c'est le plus triste des devoirs : les abus qu'elle croit renverser se courbent devant elle, pour se redresser plus insolents quand elle a passé. La seule insurrection en laquelle j'aie foi, c'est l'insurrection des idées. Le progrès que je reconnais viable, ce n'est pas un pieu qu'on fiche en terre, c'est un arbre qui pousse. On va moins vite ainsi; mais en revanche on ne perd pas de terrain. Souvenons-nous...

Et ce que je vous dis là, tous le pensent autour de nous à cette heure, les généreux aussi bien que les indifférents, ceux qui combattent le privilège, tout autant que ceux qui en jouissent. N'en croyez pas sur parole les insulteurs intéressés du bon sens public. L'enseignement de deux révolutions n'a pas été perdu à ce point : là-dessus deux valent nieux qu'une. Si ce n'est pas là toujours l'opinion u grand air, celle qui s'échauffe en parlant, qui 'emporte au bruit des hourras provocateurs, c'est 'opinion du tête-à-tête et du coin du feu, c'est la grande, la vraie, l'universelle opinion. Nul ne préaudra contre elle, tenez-vous-en pour certain. Ce u'elle protège peut dormir en paix; ce qu'elle enend conserver, pas n'est besoin que personne le onserve pour elle. Mais si elle ne veut pas de déandade, elle veut aussi qu'on marche, tout en estant dans le rang. Cette autre volonté n'est pas noins formelle que la première, et si vous les metiez toutes deux en présence, c'est alors peut-être u'il y aurait danger. Alors seulement les rangs errés de la colonne pourraient onduler et se ompre, pressés devant et derrière entre deux orces égales, le besoin de l'ordre et le sentiment e la justice; et l'opinion, déchirée par le milieu, e saurait bientôt plus à laquelle de ses deux noitiés donner raison.

Reste à savoir si nous avons quelque moyen 'abaisser la digue devant le flot qui monte, sans u'il y ait inondation, si l'ordre social, en descenant des hauteurs du privilège, va trouver plus as quelque piédestal assez solide, tout prêt à le ecevoir. Assurément, et j'en connais un.

La révolution française, en naissant, a enfanté ne institution qui portait dans ses flancs le sort du monde, une institution qui n'a pas dit son dernier mot, et que nous voyons apparaître, comme fatalement, partout où monte vers le ciel un premier cri de liberté. Je ne fais pas du dithyrambe, voisin, je fais de l'histoire. Cette institution, c'est la garde nationale. Le jour où Lafayette présenta à l'irrésolu Louis XVI un effectif de quatre millions de gardes nationaux sous les armes (ils étaient alors vingt-cinq millions en France), ce jour-là la royauté absolue dut baisser la tête et s'avouer vaincue à jamais. La garde nationale, c'est la nation armée, pour veiller elle-même sur elle-même; c'est le bataillon sacré des pères de famille, sans distinction de rang ni de fortune; c'est la grande armée commune où peut venir s'enrôler quiconque veut servir la patrie. Vous ne direz pas, bien sûr, qu'elle vous fait peur, vous qui en êtes. Vous ne direz pas que l'ordre social est en danger entre ses mains, et qui oserait le dire? C'est à elle qu'il a été confié. J'ai là devant moi la loi qui l'a organisée telle qu'elle l'est aujourd'hui. Je lis en tête :

Article 1er. La garde nationale est instituée pour défendre la royauté constitutionnelle, la Charte et les droits qu'elle a consacrés; pour maintenir l'obéissance aux lois, CONSERVER *ou rétablir l'ordre et la paix publique*, seconder l'armée de ligne dans la défense des frontières et des côtes, assurer l'indépendance de la France et l'intégrité du territoire.

Voilà bien des choses à la fois, mon cher élec-
ur. Ces gens-là me paraissent, à moi, les conser-
iteurs par excellence. Ils m'ont tout l'air d'être
iargés du plus gros de la besogne, et ne pas les
oire bons à faire un député par-dessus le marché,
la me semble un peu dur. Vous leur donnez la
aison à garder, avec tout ce qu'il y a dedans, et
ous leur refusez voix au chapitre pour les détails
intérieur : voilà de la confiance bien mal distri-
iée! Vous m'avez fait là une belle liste de de-
oirs, n'y rattacherons-nous pas quelque droit,
: fût-ce que pour rompre la monotonie? Il y eut
i temps où l'on ne nous parlait guère que de nos
oits : c'était un tort. Aujourd'hui, mode nou-
elle : je n'entends plus parler que de nos devoirs,
ce mot de citoyen, qui malheureusement fut pris
abord pour une menace, Dieu me pardonne si
on n'a pas quelques tentations de nous en faire
ie moquerie. Une moquerie directe, on n'aurait
irde : il a été marié trop de fois au titre du roi
gnant; mais on nous rit au nez, quand nous ré-
amons ce qu'il y a dessous. Et pourtant droit et
evoir, cela doit marcher ensemble dans ce grand
ontrat d'assurance mutuelle qu'on appelle la so-
été, et si le soldat citoyen n'est pas citoyen,
ourquoi l'avez-vous fait soldat? Laissez-lui son
om tout entier, ou supprimez-le, s'il vous gêne;
iais ne le coupez pas en deux, laissant la charge,

et réservant le bénéfice. Une fonction publique, la plus noble de toutes, et la plus utile à coup sûr, si j'ai bien lu tout à l'heure, vous la transformez par là en corvée, et qu'en arrive-t-il? C'est qu'au lieu de la briguer, s'y dérobe qui peut, au détriment des zélés; c'est que partout où l'autorité s'endort, s'échappe une pierre du rempart vivant de la société; c'est que l'élément fondamental de la force nationale dépérit et dessèche, comme un arbre piqué dans sa racine.

Nos pères ne l'avaient pas compris de la sorte, quand ils fondèrent l'institution dénaturée plus tard par un gouvernement qui se défiait, et à bon droit, restaurée par nous, mais à demi. Bien loin de supposer qu'on pût être garde national, sans jouir des droits du citoyen, ils avaient fait du titre et des devoirs de garde national la condition expresse de cette jouissance. Voici ce qui avait été décrété le 29 septembre 1791 dans la loi d'organisation :

SECTION PREMIÈRE.

De la composition de la liste des citoyens.

Article 1er. Les citoyens actifs s'inscriront pour le service de la garde nationale sur des registres qui seront ouverts à cet effet dans les municipalités de leur domicile ou de leur résidence continue depuis un an.

Art. 2. A défaut de cette inscription, ils demeureront ıspendus de l'exercice des droits que la Constitution tache à la qualité de citoyen actif, ainsi que de celui : porter les armes.

Je n'ai pas de commentaire à vous faire ici. *Ci-ıyen actif*, le mot est assez clair : vous voyez que ɔtre idée n'est pas d'aujourd'hui. Encore remar-ıez-le, je vous prie, je suis moins rigoriste que s fondateurs. Il ferait beau voir notre bizet ré-lcitrant, ennemi de la faction, ami de la chasse, il fallait à sa demande de port d'armes la signa-ıre de son sergent-major.

Pendant que je suis en train de lire et de citer, ıvrons la Charte de 1830.

Art. 66. La présente Charte et tous les droits qu'elle nsacre demeurent confiés au patriotisme et au cou-ge des gardes nationales et de tous les citoyens fran-is.

Nous avons déjà vu cela ; mais j'ai ici une obser-tion à vous faire. *Demeurent confiés*, que veulent re ces deux mots ? A coup sûr, il y a là un dépôt ımmis à notre garde, un dépôt dont nous devons mpte à la patrie. Mais alors ce n'est pas unique-ent avec des patrouilles et des factions, tout au us avec quelques cris déplaisants dans une revue, ı'il nous sera donné de veiller sérieusement et sur la Charte et sur les droits qu'elle consacre. Les dangers qui viendraient de la rue! nous sommes là, je le sais. Mais il y en a d'autres, et je vous dirai plus : ce n'est pas dans la rue, d'habitude, que l'on conspire contre les libertés publiques. J'invoque mes souvenirs; j'y ai entendu crier bien souvent : *Vive la Charte!* quelquefois peut-être sans rime ni raison : cris d'amoureux! j'en suis encore à chercher dans ma mémoire quel jour, par quelle bouche, en quelle rue, aurait été poussé devant moi ce cri impie : *A bas la Charte!* S'il trouvait un écho, ce serait bien plutôt en haut; l'instinct involontaire de tout pouvoir est parfois mauvais conseiller. Il en avait trouvé un, il y a dix-sept ans, et si présentement je n'en ai pas grand souci, pour mille raisons, qui peut répondre de l'avenir? Or, en pareil cas, notre poste à nous autres, gardiens de la Charte, et par son ordre, notre poste naturel, c'est l'assemblée électorale; notre arme légitime, c'est le vote. Cela nous vaudra mieux à tous, croyez-moi, que de déchirer encore une fois des cartouches pour tuer des Français.

Voici donc maintenant une question bien établie pour moi, pour vous aussi, j'aime à le croire, à savoir que la garde nationale a des droits positifs incontestables, à réclamer pour chacun de ses membres l'exercice du droit électoral. La nature de ses fonctions, l'exemple du passé, le texte même de la Charte, et, ce qui est plus fort que tout cela, le bon sens, et son nom seul, tout le prouve, ou je ne sais plus ce que c'est qu'une preuve. J'ai repoussé tout à l'heure comme un blasphème la supposition que l'ordre social puisse péricliter par le fait de ceux-là qui ont écrit le mot *ordre* sur leurs drapeaux, sur tous les murs de leurs postes, et jusque sur les boutons de leurs habits. Cette insulte absurde, je ne veux point lui faire l'honneur de la discuter. Mais ce dont je voudrais vous voir bien convaincu, mon cher voisin, c'est que, loin d'être mise en péril par cette grande mesure, la société française y trouvera des garanties immenses de sécurité, des garanties données non par la force, qui ne prouve rien et qui s'use, données par ce qu'il y a de plus sacré et de plus indestructible au monde, la justice.

Savez-vous ce qui me plaît surtout de cette extension de la vie politique, posée ainsi ? c'est que désormais disparaît l'exclusion matérielle, absolue; c'est que le droit de cité, sans traîner dans le ruisseau, devient accessible à tous ; c'est que, s'il fait encore ses conditions, il les fait faciles, avouables, d'un intérêt direct pour la patrie; c'est qu'en un mot nous rentrons dans le droit commun. En même temps nous y rentrons sans secousse, sans irruption, sans marée montante ; le flot s'écoulera par une infiltration successive, individuelle, et un filtre, vous le savez, cela clarifie. Nos rangs d meurent ouverts aux petits comme aux grands : qui est impur seul en est repoussé.

Or les petits qui viendront s'y enrôler, ceu qu'amis et ennemis ont appelés le peuple, mot ralliement pour les premiers, terme de mépr pour les autres, comme si nous n'étions pas tou le peuple français, ne voyez-vous pas qu'en rangeant sous les drapeaux de l'ordre public, i apportent une force nouvelle à la société politiq dont ils vont faire partie? Chaque soldat nouvea qui nous viendra est une recrue de moins pou l'émeute, et par cette admirable raison, qu'il aura un droit lésé de moins. Car enfin les besoi de ces gens-là sont aussi sacrés que les nôtres; i sont faits de chair et de sang comme nous. S'i veulent une chose, comme nous ils ont un bras a service de leur volonté; si les préoccupations de vie politique sont allées les trouver, s'ils s'in quiètent à leur tour de ce qui se passe par ic quoi que nous fassions, nous ne les empêcheron jamais d'y regarder, et que la société publiqu leur ferme sa porte, la société secrète ouvrira sienne.

Alors, au lieu de donner librement leur avis ciel ouvert, au milieu de leurs concitoyens, avec calme et le sang-froid d'un homme qui se respec parce qu'il se sent respecté, ils s'en iront à l'éca mordre âprement dans le fruit défendu, forcés de fuir, comme des voleurs, l'inquisition déshonorante de la police, échangeant avec rage des avis sans mesure, et qui n'en ont pas besoin puisqu'ils ne comptent pas. Vous n'en avez pas voulu pour citoyens, d'autres les prennent pour en faire des conspirateurs. Ou bien, traqués de partout, écrasés sans pitié par la société, qui ne peut pas non plus périr parce qu'ils sont mécontents, ils renferment en eux-mêmes leurs haines aigries par l'impuissance, conspirent en rêve et attendent, menace muette, patiente, toujours prête.

Pourtant ces ennemis, voisin, ces ennemis à l'affût qui guettent la société, ils y avaient une place légitime; ces sauvages qui nous font peur, ce sont des enfants de la mère commune; leur droit c'est le nôtre; nous ne sommes pas chacun plus qu'un Français : ils ne sont pas moins. Nous ne voulons pas de castes privilégiées au-dessus de nous. Est-ce que l'égalité humaine s'arrêterait à notre échelon, par hasard? Si nous nous arrogeons un droit de supériorité sur l'ouvrier qui nous coudoie dans la rue, nous sommes bien peu de chose, allez, pour ceux qu'on appelle les classes supérieures; et quand nous aurons rabaissé à loisir l'intelligence de celui-là, sa moralité, sa position sociale, sa valeur politique, c'est notre propre condamnation que nous aurons signée.

Les spectres qui nous effraient s'évanouiront d'eux-mêmes, sitôt qu'à ces affamés qui grondent nous aurons jeté en pâture la réalité. Ils s'approcheront alors, et ils verront qu'une société n'est pas un roman ; que la masse des intérêts privés c'est l'intérêt commun, comme les enfants réunis c'est la famille; que les hommes assemblés sont solidaires, et que tuer la sécurité d'un seul, c'est frapper au cœur la sécurité de tous. Ils abandonneront les pensées illégales, pouvant manœuvrer sur le terrain de la légalité, le seul solide, le seul qui puisse porter une armée. Ils ne se creuseront plus de souterrains, parce qu'ils pourront vivre au soleil, et que c'est plus gai. Ils ne nous appelleront plus *les bourgeois*, parce qu'on ne les appellera pas *le peuple*. Leurs haines tomberont avec les mépris. Le danger s'enfuira devant le droit debout et triomphant.

Voilà, mon cher voisin, tout ce j'avais à vous dire sur cette question grave, et, j'en fais l'aveu, délicate du droit électoral. Si j'ai fini par y mettre quelque enthousiasme, c'est qu'on s'échauffe le cœur à parler de certaines choses. Je vous ai donné mon avis en honnête homme,qui dit tout ce qu'il pense et ne fait pas deux parts de la vérité, l'une qu'il jette à la face de ce qui l'offusque, l'autre qu'il met à l'ombre pour ce qu'il aime. Ce n'est pas un traité *ex professo* sur la matière que je vous ai fait; c'est une causerie à propos d'une mesure que je crois bonne. Que l'on prenne des chemins de détour, ou des chemins de traverse, on y viendra; c'est ma conviction. Quand? Le jour où vous le voudrez. Je ne désire pas qu'on y arrive autrement; on ferait de la mauvaise besogne, et qui ne tiendrait pas. Mais il faudra bien aussi que l'attraction magnétique du vœu public finisse par vous entraîner. Les émeutes de l'opinion sont irrésistibles; elles ne cassent pas de réverbères; mais tout le monde en est complice, et le plus entêté, malgré lui. C'est donc à l'opinion que doit s'adresser une cause qui demande à vaincre, et c'est ce que j'ai fait avec vous. Les uns disent que la victoire demeure au plus fort, d'autres au plus habile. Ce n'est pas vrai : elle demeure à celui qui a raison. Celui-là est le plus habile à la fois et le plus fort.

Maintenant, ai-je eu raison? Toute la question est là : vous déciderez. Si vous me reprochiez de vous avoir dit des vieilleries, des vulgarités, des choses qui se disent partout et depuis longtemps, je m'en féliciterais de grand cœur. Une vérité toute neuve a peu de chances pour elle; il n'en triompha jamais qu'à l'état de lieu commun. Donc, accordez-moi ceci, de vous avoir développé un lieu commun, et touchez là : j'aurai gagné mon procès.

FÉVRIER

LES VERTUS DU RÉPUBLICAIN

I

L'AMOUR.

Frères,

Aimons-nous d'abord. Tout est facile entre gens qui s'aiment.

S'il y a encore des cœurs indécis qui hésitent à s'ouvrir à l'amour, crions bien fort que ce n'est pas vrai : ce ne sera pas vrai demain.

L'amour est contagieux : luttons ensemble à qui aimera le premier.

Vous avez entendu parler de théories qui s'avancent. On vous a jeté à la face des mots effrayants; on vous a murmuré à l'oreille des phrases haineuses. De part et d'autre on vous montrait au doigt, disant aux ignorants et aux faibles : « Vois-tu celui-là? c'est un ennemi! »

Oublions tout cela. Aimons-nous. Nous sommes bien tous les enfants de la femme, les enfants de la même patrie, les enfants du même Dieu. Nous avons tous nos besoins communs, nos amours communs, nos mêmes erreurs, hélas! et nos mêmes misères. Ne méprisons rien, n'insultons rien; n'entrons pas dans une discussion sans fin, chacun nos droits à la main. Aimons-nous, c'est plus tôt fait, et cela vaut mieux.

L'amour est plus fort que le monde. Dieu parlait au cœur de celui qui l'a dit le premier. Que cette pensée sainte nous soutienne et nous rallie, et nous apprenne à nous appuyer les uns sur les autres, au lieu de nous appuyer les uns contre les autres.

Dites, au sein des luttes et des colères, n'avez-vous jamais senti quelque chose qui se révoltait en vous, une voix indignée, la voix de Dieu, qui criait tout bas dans vos poitrines haletantes : « Caïn, que fais-tu, que veux faire de ton frère? »

Ce n'est pas pour rien que la république s'est appelée : *la liberté, l'égalité, la* FRATERNITÉ.

Un républicain doit aimer. Ceui qui n'aime pas, n'est pas républicain. Il oublie que le premier mot de son catéchisme, c'est l'amour pour son frère.

Que ferez-vous de la terre, si vous éteignez le soleil? Que ferez-vous de l'humanité, si vous lui ôtez l'amour?

Ah! je m'inquiète bien peu des grands problèmes qui se posent, et des solutions rivales qui se disputent l'honneur d'en venir à bout. Apprenez à tous ces gens-là à s'aimer; il n'auront plus besoin de vous.

Quand l'amour est devenu une nécessité, de quel nom le nommer? Eh bien! nous en sommes là. Il faut, sous peine d'être emportés avec les nôtres dans un abîme inconnu, dans un dédale d'intérêts entrecroisés, où nous péririons tous, il faut que nous nous décidions enfin à nous aimer. Dieu le veut! Il nous a mis le marché à la main, et je vais vous traduire la phrase : Il faut que nous nous décidions à être heureux.

Un grand débat commence, qui veut avoir une issue. Si je vais de l'un à l'autre, ma tête se perd, et mon cœur s'est brisé cent fois, avant que j'aie osé décider.

L'implacable justice étend ses deux bras sur toutes ces têtes; et faire couler des larmes pour en sécher d'autres, ce n'est pas là de l'amour. Non, je ne voudrais pas être juge ici, il faut que les parties s'entendent, et de la science du Code elles n'en ont que faire. Le Christ l'a dit, et nous pouvons l'en croire :

« Mes enfants, aimez-vous les uns les autres, c'est là la loi et les prophètes. »

II

LE SENTIMENT DE LA DIGNITÉ HUMAINE.

Amis,

Écoutez bien ceci :

Celui qui a peur de moi, m'offense : il me croit méchant.

Celui qui pense une chose, et n'ose pas la dire devant moi, se fait une pauvre idée de ma personne : il me croit intolérant.

Celui qui souffre par moi et n'ose pas me le dire, celui-là me méprise : il me croit injuste.

Celui qui a envie de se moquer de moi, et qui fait rentrer son envie pour une autre peur que celle de me faire de la peine, celui-là est un insolent : il me croit bête.

L'amour ! le premier devoir de l'homme, il fait tout.

La dignité humaine ! son premier droit, elle donne tout.

Amis, venez ici, tenant d'une main la sainte bannière de l'amour, tenant de l'autre le noble drapeau de la dignité humaine. Ce drapeau-là, plantons-le d'une main triomphante et sur-le-champ, que nous sachions tous à quoi nous en tenir. L'homme qui se respecte lui-même, respecte ses frères; il sait aussi s'en faire respecter, glorieux sentiment qui part et retourne sans cesse de lui à ses frères, de ses frères à lui, allant toujours grandissant.

Amis, nous avons été précipités en un jour sur un terrain nouveau. Nous essayons encore nos premiers pas. Tendons-nous la main en hommes qui se valent; apprenons-nous mutuellement à nous respecter.

Ceux d'entre nous qui ont tremblé en voyant apparaître tout à coup la République, ignoraient, bien sûr, ce que c'est qu'un républicain.

Pour moi, franc républicain, de vingt ans ou de deux jours, je n'en sais plus rien, j'ai oublié la date, je vous déclare qu'il n'y a plus qu'une crainte permise par ici, celle de la loi. Et encore la loi, on la respecte, on ne la craint pas.

De la crainte, entre nous, amis! Et qu'en ferions-nous de ces craintes qui nous déshonoreraient? Allons, apprenez votre métier. Haut la tête, et la poitrine en avant! Personne ici ne pense à faire peur. Oubliez les récits de vos nourrices. Il ne pleut pas d'insultes sur les terres de la République.

Je vous en conjure, vous tous, mes concitoyens, dans ces luttes solennelles de la parole et de la presse où nous entrons sans préparation, ne perdez jamais de vue le principe sauveur de la dignité humaine. Discutez et tâchez de convertir, n'injuriez jamais. Respect aux opinions! C'est la plus sacrée de toutes les propriétés.

Avant tout, ' yons sobres de ces mots qui appellent la foudre, de ces mots de *traîtres*, de *factieux*, de *mauvais citoyens*, après lesquels un frère devient un ennemi. Celui-là même qui, dans un moment d'égarement, a mis le pied sur la route du mal, va retourner de lui-même en arrière, si d'un geste amical vous lui montrez simplement où il va. Une menace, une insulte, c'est le coup de fouet qui pousse en avant un coursier généreux. Ces hommes qui se trompent sont des Français, et et la France est un pays d'honneur, maintenant plus que jamais.

Voyez, quand des ouvriers égarés sont allés par la ville, brisant les machines qui travaillaient pour eux, pareils à des cavaliers maladroits qui tueraient leurs montures, d'autres ouvriers sont venus qui, sans emportement, sans mépris, en hommes qui savent le langage qu'il faut parler à des hommes, ont écrit sur les murs ce simple mot : « Frères, ceci est un tort. » Ce mot, quand je l'ai lu, les larmes me sont montées aux yeux, et j'ai dit : « La République vivra! ».

Or, savez-vous ce qui est arrivé? c'est que le lendemain ces gens qui avaient effrayé la ville sont venus en pleurant signer à leur tour qu'ils avaient eu tort, et qu'eux aussi, nobles cœurs, l'ont écrit sur le mur. Dites, cela ne vaut-il pas une armée pour rassurer ceux qui étaient menacés ?

Frères, amis, citoyens, écoutez-moi tous, et, au nom de la patrie qu'il nous est ordonné de sauver, gravez tous au plus avant de votre cœur ce que je vous dis là : « Respectez, respectez les hommes ; même malgré eux, forcez-les de se respecter. Le méchant, c'est celui qui n'a pas le sentiment de la dignité humaine. Faites entrer ce sentiment dans son cœur : il n'y a pas de sentinelle, il n'y a pas de police qui le gardera mieux, puisqu'il emportera partout avec lui son gardien. »

III

LE COURAGE.

Citoyens,

On peut dormir insoucieusement à l'ombre des monarchies : il faut qu'un républicain soit debout, et qu'il ait du courage.

Le premier de tous en ce moment, c'est le courage de son opinion. Avant qu'il soit longtemps je veux qu'il ait perdu ce nom. Je veux qu'il soit entendu et reconnu sans conteste que le droit de dire fait partie du droit de penser. Je veux que le même sanctuaire les enveloppe tous deux d'un même mur d'airain, et que le poltron lui-même arrive à penser tout haut, sans y faire seulement attention.

Il y a un grand, un formidable, un glorieux courage, celui de la bataille, celui qui tue, celui qui sauve la patrie. Chapeau bas devant celui-là sainte relique de notre histoire ! Les temps approchent, s'ils ne sont déjà venus, où nous n'allons plus savoir qu'en faire : richesse inutile que nous garderons en magasin.

Place à celui qui s'avance ; l'avenir est à lui

c'est le courage du travail. A lui bientôt l'honneur, à lui les arcs de triomphe, et les colonnes, et les chants des poètes qui donnent l'immortalité! Et pourtant, noble vertu, ton tour viendra aussi. Un jour se lèvera où le travailleur, régénéré par l'amour, redemandera en vain à sa tête, à son cœur, à ses bras, leurs vieux courages d'à présent, et s'indignera, en souriant, de les voir détrônés par le plaisir du travail.

Citoyens, à cette heure, il nous faut tous les courages :

A ceux qui perdent, pour pardonner à ceux qui gagnent, du courage!

A ceux qui attendent, pour attendre noblement, du courage!

A ceux qui avaient les yeux fermés, pour habituer leurs yeux à la lumière nouvelle, du courage!

A ceux qui faisaient, le cœur en feu, du roman, pour entrer avec sang-froid dans la vie, et faire de l'histoire, du courage!

A qui qui gouvernent, pour aller droit devant eux, dédaignant résolûment tout guide qui ne s'appellerait pas la justice, à ceux-là qui ont entre les mains notre sort à tous, du courage! du courage! Seigneur! s'ils voulaient en manquer, ne le permettez pas!

A ceux qui sont gouvernés, et qui lèvent un œil

inquiet, défiant peut-être, vers le Sinaï du haut duquel les destinées de la patrie vont sortir, une à une, en éclairs fulgurants, de la nuée mystérieuse, à vous tous, mes Frères de tout rang, de tout âge, de toute profession, du courage ! du courage ! Dieu est bon ; il ne commande pas les larmes.

Au nom de la peur, je vous adjure tous d'avoir du courage. Ah ! dites-moi d'effacer cette phrase impie, qui n'est pas française. J'en ai là une toute prête qui vaut cent fois mieux : Au nom de l'amour, armez-vous de courage !

Allez, ne doutez pas de vous-mêmes. Nous sommes d'un pays où le courage est facile, quand on est côte à côte, et qu'on marche au pas, en chantant d'une seule voix le même air. Serrons les rangs, l'hymne d'aujourd'hui est un hymme de paix. Celui-là porte au cœur aussi, et nous ferons encore une fois des prodiges.

Le seul courage qui nous soit impossible, c'est celui de l'humiliation, et j'en jure Dieu, nul de nous n'en aura besoin. Si des insensés demandaient qu'un seul de nos frères fût condamné à rougir, non, mille fois non, nous ne le souffrirons pas. Nous irions tous lui tendre nos mains, afin qu'il sache bien qu'il n'est pas déshonoré. Un seul acte méchant, et notre cause est perdue.

S'il fallait qu'un tel malheur arrivât, mon Dieu, donnez-nous du courage à tous, un courage qui n'a pas de nom, et que l'imagination refuse d'inventer. Ou plutôt, mon Dieu, écartez de nous ce calice : il serait trop amer pour vos enfants. Du courage, il nous en faudrait trop !

Allons, amis, pas de fausse alarme. Encore un peu de temps, et tout ce dur enfantement sera terminé. La mère tiendra dans ses mains tremblantes le fruit de ses entrailles, et ses dernières larmes se sécheront dans un ineffable sourire.

Dans l'attente de ce moment suprême, gardons-nous de l'avortement.

Encore un peu de temps, et de cette armée de courages, un seul restera debout : le courage de n'être rien, quand nous pourrons tous être tout.

IV

LA GÉNÉROSITÉ.

Français,

Noble fille du courage et de l'amour, la générosité est aujourd'hui la vertu-reine : c'est elle qui va nous sauver.

La générosité est la vertu des forts. L'homme qui le premier s'est aperçu que le lion était le plus terrible des animaux, est le même, bien sûr, qui a découvert que le lion était généreux. Si cela n'est pas vrai, cela doit être vrai.

C'est parce que le pauvre s'est senti fort d'un fait, qu'il vient d'être généreux.

C'est parce que le riche se sent fort d'un droit, qu'il va être généreux.

Oui, un droit! mes sympathies voudraient en vain me défendre d'écrire ce mot; ma raison me l'ordonne. Un droit de possession, vieux droit enraciné dans les têtes et les cœurs, un droit vis-à-vis les individus.

Je sais que la société tient ici en réserve son droit à elle, son droit d'intervention.

Son action s'arrête au seuil du domicile privé,

du temple domestique, enceinte sacrée en ce jour, si elle le fut jamais. Mais le domaine public est à elle. Nul ne peut lui tenir tête sur ce terrain. Elle a le droit de concurrence, que nous accordons à tous, et au bout duquel tout se trouve, si vous voulez bien regarder. Elle ne peut toucher aux réservoirs particuliers : elle peut en tarir les sources.

Or, cela n'arrivera pas. Cela me gâterait notre bonheur, s'il fallait qu'il s'élevât sur des ruines amoncelées, dans un conflit douloureux de luttes inégales, où tous les intérêts privés viendraient se faire broyer en détail sous la roue implacable de l'intérêt commun.

Rien ne sera broyé par elle, parce que tout viendra s'attacher à ses rayons. J'en ai pour garant cette explosion merveilleuse de sentiments généreux, échappés en un jour de tant de cœurs bouchés ; qui ont fait, on ne sait par où, invasion dans l'air, et que toutes les poitrines aspirent délicieusement.

O mes rêves impossibles, soyez les bienvenus ! Ce qui était impossible hier est nécessaire aujourd'hui.

Je ne sais ce qu'ont senti ceux qu'on a nommés les prophètes, et nous autres, les fils de Voltaire, il nous paraît plaisant de parler de prophéties. Mais, en vérité, en vérité, je vous le dis, je sens en moi une voix impérieuse contre laquelle le vieil homme sceptique et moqueur voudrait en vain lutter, une voix d'en haut qui me crie et me force de dire que le jour est proche où le pauvre, les yeux mouillés de larmes de joie, dira au riche : « Assez, frère, assez, j'en ai trop, » et où le riche répondra tout ému : « Encore cela, frère, pour l'amour de moi. »

Verrons-nous ce jour ? Oui, mon Dieu. La vie à tous, la vie assurée, heureuse, honorable! La vie et l'honneur, cela suffit pour un jour. Ne nous inquiétons pas du reste, nous tous qui avons fait des théories. Le grand théoricien, c'est Dieu, et chaque chose viendra à son heure. La grande égalité rêvée, ceux qui vont venir en sauront plus long que nous sur son compte. Laissons quelque chose à faire à nos enfants : ce sera là leur véritable héritage.

Pendant que nous parlons de générosité, osons ne reculer devant aucune pensée généreuse, en ce jour qui appartient à tous les bons instincts de l'homme.

Frères, ce serait une belle chose à nous, une chose inouïe dans l'histoire du monde, une chose qui frapperait de mort tous les pouvoirs établis au-dessus des nations, si, quand nous aurons fini notre tâche, quand la République, désormais inébranlable, aura pour base de granit une nation armée tout entière, armée sutout de paix et de bonheur, nous ouvrions à deux battants les portes de la patrie, fermées sur tous les prétendants.

Voyez quelle noble et bonne fierté il y aurait à leur dire : « Venez parmi nous, vous qui avez voulu être nos maîtres; venez voir combien il est doux de vivre en frères. Venez écrire vous-mêmes vos noms proscrits sur le grand livre d'or des citoyens. »

Et ils viendraient, j'en suis sûr. Ils viendraient sans une arrière-pensée, qui serait une folie. Et d'où pourrait ensuite nous venir la foudre, puisque nous aurions déchargé le nuage qui la portait?

Frères, si j'ai mal vu, excusez-moi. Si j'ai pris pour une révélation d'en haut les élans aveugles d'une imagination brisée par un excès d'enthousiasme, pardonnez-moi. L'ivresse qui m'aurait emporté, l'ivresse, si c'en est une, c'est l'ivresse d'un triomphe qui est le vôtre et le mien.

V

LA POLITESSE.

Messieurs,

N'oublions pas, s'il est possible, que le peuple français a été proclamé, il y a longtemps déjà, le peuple le plus poli du monde.

Ne souriez pas, c'était un magnifique éloge. Le plus poli, c'est-à-dire le plus sympathique, le plus aimant. Toute notre supériorité est là.

La politesse est une vertu. C'est une forme de l'amour. C'est l'amour appliqué aux relations de la vie privée, c'est-à-dire aux choses qui tiennent le plus de place dans la vie.

L'homme poli peut avoir la main rude et la voix rauque, à tout prendre. Permis à lui d'aller en blouse et en sabots, s'il n'est pas assez riche pour avoir des bottes et un habit. Permis à lui d'être fort ignorant, s'il a été privé, pauvre homme, du bienfait de l'éducation. Il ferait peur aux enfants de loin, qu'il resterait encore pour moi l'homme poli, s'il aime à se rendre agréable à ceux qui l'entourent, s'il parle avec douceur aux gens, s'il se dérange pour laisser passer une femme, un vieillard, s'il évite de blesser son monde en l'écrasant brutalement du poids tyrannique de sa manière de voir.

Toutes ces choses-là sont compatibles avec l'aspect le plus hérissé. Nous venons d'en avoir des preuves.

On s'est beaucoup moqué de la politesse des salons. Fausse politesse, si vous voulez, politesse hypocrite; mais, on l'a redit bien souvent, l'hypocrisie est un hommage rendu par le vice à la vertu. La politesse des cœurs peut se passer de tant de formes, mais elle vit de ce qu'il y a dessous. Tout ce monde poli, où la première place était partout aux femmes, aux vieillards, aux infirmes, où l'usage comblait les lacunes du Code, où la brutalité était un crime, l'indécence qui fait rougir les jeunes filles une chose sans nom, où le sot lui-même était respecté, chacun retenant son sourire, de peur de l'offenser, tout ce monde-là, Messieurs, était depuis longtemps, sans se l'avouer, un monde républicain. Que pensez-vous de la fraternité, si ce n'est pas cela?

Si j'ai foi en la République nouvelle, c'est que du haut en bas je trouve en nous le sens de la politesse, du savoir-vivre et du bon goût. Or, ce que nous venons de faire n'a pas eu d'autre but que de faire entrer, tambour battant, dans la loi, et d'insaller à tout jamais au grand air, ce qui errait, méconnu peut-être, dans la société, ce qui habiucatia; fond des cœurs.

Il était impoli de faire sentir à un homme sa pauvreté : la loi a dit qu'elle ne savait plus ce que c'était que le pauvre, qu'elle ne connaissait que des citoyens.

Il était impoli de gêner, en s'étalant, ses voisins, de vider un plat dans son assiette : la loi a dit qu'il y avait de la place et du pain pour tout le monde.

Il était impoli de faire taire un homme qui parlait, de froisser une opinion. de s'adjuger le monopole de la conversation : la loi a dit que la parole était libre. Je la défie du moins de dire aujourd'hui le contraire.

Politesse française, tu ne saurais périr, pour avoir triomphé !

O progrès splendide vers lequel nous tendons ! Il n'y aura plus une classe polie, et une classe qui était supposée ne pas l'être. Nous serons tous des hommes polis. La bonne compagnie, ce sera la foule.

Sera-ce demain ? Non sans doute, pas encore. Laissez aux hommes le temps d'entrer en possession, non pas des idées nouvelles, mais des faits nouveaux. L'égalité est la mère de la politesse : donnez-lui le temps d'enfanter.

Autrefois, pour établir violemment le niveau,

on avait mis la rudesse à l'ordre du jour. Nous, qui n'avons pas eu un grand effort à faire pour prouver aux incrédules que le niveau était établi, il nous sera facile de décréter la politesse.

Et vous aussi, les gens polis, vous y gagnerez en savoir-vivre. L'homme bien mis qui, à sa droite faisait descendre du trottoir une pauvre vieille n'était pas plus poli que le charbonnier ou le maçon qui le barbouillait, sans crier gare, à sa gauche. J'attends de vous, et de votre bon goût, que vous allez laisser là cette distinction, inconnue au bon Dieu, entre une dame et une femme.

Ne cherchez pas de fiel dans ce que je dis là. Les idées reçues, on les subit, on ne les fait pas. Et vous d'ailleurs, qui étiez après tout l'élite de notre pays, n'allez pas croire que ce reproche fraternel s'étende à tous, ni même à la majorité.

Pour dire le vrai, à quelques exceptions près, nous étions tous polis. La loi ne l'était pas. Elle a entendu raison. Qui oserait voir du mal à cela?

VI

LA CONSTANCE.

Voici une vertu difficile, une vertu qui ne serait pas indigène, s'il fallait en croire les mauvaises langues.

J'ose espérer que nous leur donnerons tort. Les Français de Louis XV pouvaient bien, sans trop y prendre garde, se laisser traiter de frivoles et de légers : nous, cela ne nous est pas permis.

Une chose me rassure, c'est que les Allemands, au milieu du siècle dernier, nous avaient appelé : un peuple de coiffeurs et de danseurs, et qu'à quelque temps de là Napoléon, dans sa langue monumentale, nous appelait : la grande nation, sans que rien autre chose au monde, si ce n'est la modestie, pût y trouver à redire.

Citoyens, il nous faut ici de la constance. La constance, c'est le courage dans la conduite ; le plus difficile, parce qu'il est le plus long, mais aussi le plus glorieux des courages. S'il n'y a rien de trop glorieux pour nous, il faut que rien ne nous paraisse trop difficile.

Nous vivons si richement en France de la vie du moment, que nous oublierions volontiers ce qui s'est passé la veille, si nous nous laissions aller à notre pente. Maintenant que ces flots tumultueux, qui ont inondé la cité sont rentrés d'eux-mêmes dans leur lit, que les pavés renivelés livrent passage aux voitures, que les armes vagabondes et les couleurs rivales disparaissent une à une, et que rentrant chez vous vous ne trouvez rien de changé, dites, amis, ne seriez-vous pas tentés de croire que vous avez rêvé ?

Oh! vous n'avez pas rêvé. On a brisé les barrières, et tout ce monde de pensées nouvelles qui ont envahi vos têtes et vos cœurs, il faut maintenant les garder pour toujours. Ce ne sont pas des oiseaux de passage : elles ont conquis leur droit de cité.

Un républicain sans constance est un soldat sans armes. Or, nous sommes républicains. Le mot rend encore un son étrange à nos oreilles : c'était hier une injure, et nous l'écoutons, étourdis, sans le bien comprendre encore. Mais la chose est faite : il n'y a pas à y revenir.

Nous sommes républicains, c'est-à-dire qu'avec le lien qui nous attachait à lui, nous avons jeté le bouclier ; c'est-à-dire que désormais ce qui s'appelait autrefois le gouvernement ne saurait plus être qu'un écho, l'écho de la volonté publique ; c'est-à-dire qu'il faut payer aujourd'hui de sa personne, penser tous à ce qui est juste, et le vouloir ; c'est-à-dire que l'intérêt privé, libre et joyeux tout à l'heure, doit rentrer désormais sous terre, quand vient à passer l'intérêt commun.

Je parle à tous ici, aux petits comme aux grands. Nous avons congédié nos hommes d'affaires : il faut les faire nous-mêmes à cette heure.

Qu'allons-nous devenir, si nous n'avons pas la constance?

Aussi bien nous l'aurons, ne serait-ce que parce que nous ne pouvons pas faire autrement. Le lâche au pied du mur devient de force un héros ; et nous ne sommes pas des lâches, Dieu merci.

La constance qu'il nous faut, c'est la constance dans le bien.

Sachons bien tous que l'honnêteté absolue est pour longtemps encore de rigueur. Je dis pour longtemps, parce que je veux bien laisser ici de côté le devoir, qui est éternel ; je parle uniquement du danger qu'il y aurait à être malhonnête. Plus tard, quand la société aura trouvé ses bases, qu'elle cherche encore, les mains en avant, plus tard il y aura une place pour l'indulgence dans le cœur généreux de la patrie ; mais à cette heure décisive où la société joue sa vie à pile ou face, malheur à qui voudrait la tricher !

Ah ! ce n'est pas le tout de jeter au vent ses lunettes et ses béquilles, ses jambes et ses yeux d'emprunt ; il faut marcher droit ensuite, voir lair, et se tenir ferme sur ses pieds. Il faut de la olonté pour être républicains, et vous l'êtes sans émission.

Que personne ne me dise qu'il n'en voulait pas le ce titre, lourd à porter. Il le fallait : le terme tait venu. Par cette porte ou par toute autre, il allait entrer ici. Le terrain nous manquait là-bas, t ce que la résistance a précipité, la condescenlance le laissait venir fatalement. Ce qui est juste e se proclame pas pour rire. Notre troisième révoution est sortie d'une envie de banquet, absolunent comme la première d'un embarras financier. Quant le fruit tombe, ce n'est pas parce qu'on à ecoué l'arbre, c'est parce qu'il était mûr.

Nous avons bien commencé; persévérons. Le lus fort est fait. Nous avons traversé avec un courage et une sagesse de bon augure une crise terrible qui pouvait tout perdre, où nous étions tous à la nerci d'une faiblesse, d'un mauvais vouloir, d'un nalentendu. Persévérons, et soyons confiants. Dieu loit être content de nous.

La constance est légère quand elle est soutenue l'un côté par la conscience, de l'autre par la nécessité.

VII

LA MODÉRATION.

Sainte modération, aux jours de colère on t'avait flétrie du nom repoussant de *modérantisme.* Viens sans crainte présider aux débats fraternels qui vont s'ouvrir. Il n'y a rien qui puisse t'effaroucher dans ce concert touchant de bouches amies, qui appellent de toutes parts la concorde et la paix. Les notes discordantes, s'il y en a, n'arriveront pas jusqu'à toi; elles se perdront en route, dans les harmonies gigantesques de la voix commune.

La modération n'est pas le juste milieu. Le juste milieu entre le vrai et le faux, entre le juste et l'injuste, il ne faut pas y penser.

La modération n'est pas la faiblesse, la faiblesse qui voit le but et s'arrête en chemin, qui voudrait avancer et recule.

La modération n'est pas non plus la peur, ni la froideur, ni la trahison, ni rien de tout ce que voudraient bien supposer les esprits d'emporte-pièce qui se ruent, comme des sangliers blessés, à travers des fourrés dont chaque branche est un homme.

La modération est cette vertu suprême des forts

et des généreux qui triomphent modestement, et n'ont pas besoin d'insulteurs apostés, comme autrefois les triomphateurs romains, pour se rappeler qu'ils sont des hommes.

La modération est l'opposé de l'exagération : c'est la meilleure définition qu'on puisse en donner ; c'est le plus bel éloge qu'on puisse en faire.

La sagesse dans la raison, la mesure dans l'acte, le respect du droit d'autrui dans la lutte au nom de son propre droit, tout cela s'appelle la modération, tout cela est digne de faire partie du bagage d'un républicain.

Otez l'orgueil, la rancune et l'égoïsme du cœur d'un homme, vous avez fait une belle place où peut se loger la modération.

Nous avons aussi besoin de cette vertu-là avec les autres. Si nous avions l'imprudence de l'oublier sur la liste, nous pourrions payer cher cet oubli. Les vertus se tiennent toutes pas la main : si, dans la ronde sacrée, l'une des sœurs vient à manquer à l'appel, la chaîne brisée s'en va bientôt flottant au hasard, et tout s'envole en un clin d'œil.

Amis, jurez-moi d'être modérés. Notre salut en dépend. Point d'excès sans réaction, cela est inévitable ; toutes les révolutions sont nées d'un excès ; tous les pouvoirs tombés sont morts d'un excès. Nous en sommes nés ; n'en mourons pas.

Vous savez l'histoire de l'ours qui, pour délivrer

son ami d'une mouche importune, écrasa d'un pavé et la mouche et la tête de l'ami trop bien servi. Toutes les fois qu'un ami viendra, pour vous sauver d'un embarras, vous proposer un excès, dites : *C'est le pavé de l'ours.*

VIII

LA MODESTIE.

Connaissez-vous rien de plus adorable, rien de plus inattaquable qu'un héros, qu'un génie modeste?

Frères, nous ne sommes pas tous des héros, nous ne sommes pas tous des génies; mais nous pouvons tous être modestes.

La modestie ce n'est pas une vertu, c'est le parfum de toutes les vertus.

Un républicain qui n'est pas modeste est incomplet. S'il a mérité l'éloge, c'est une faiblesse à lui d'aller le mendier. C'est un ridicule qu'il se donne, si par hasard il ne l'a pas mérité.

Un homme de mérite, qui se laisse aller à l'orgueil, devrait bien se donner la peine de considérer combien est effrayante la majorité des sots dans le bataillon des orgueilleux. Comme il aurait bien vite abandonné ce troupeau suspect, où il peut être pris si facilement pour son voisin.

Je sais qu'il y a un certain orgueil de la conscience dont il est malaisé de se garer. Et moi-même, qui prêche ici la modestie, j'ai bien osé, en publiant les premières de ces pages, me proclamer à l'étourdie : *Un Vrai Républicain.* Le vrai républicain, vous savez, celui qui l'est davantage que le républicain tout court ! Que voulez-vous ? L'humaine nature a ses faiblesses. C'est pour cela surtout qu'il nous est enjoint d'être modestes.

Amis, si vous voulez faire réellement honneur à votre patrie, soyez modestes, même en parlant d'elle. L'orgueil de la patrie, l'orgueil de sa mère pour un fils, il faut garder cela dans un recoin silencieux du cœur, comme une chose sainte qu'on ne met à l'air qu'aux grandes occasions. Les fanfaronnades qui humilient d'autres hommes, laissons-les là, nous en avons le droit. Il est permis aux riches d'être mis simplement.

De la modestie pour nous-mêmes, républicains, je ne sais pourquoi j'insisterais là-dessus après ce que je viens de dire, Soyons fiers, c'est notre droit, bien mieux c'est notre devoir. Ne soyons pas orgueilleux.

La noble fierté ne sait pas courber la tête. L'orgueil hautain met le pied sur la tête de son voisin. A l'une pas de maître, à l'autre pas d'égaux.

La fierté est la vertu du républicain. L'orgueil est le vice de l'aristocrate, ce qui ne veut pas dire le noble, ni le riche, mais le dominateur. Nous avons eu des aristocrates en bonnet rouge. Avec l'orgueil, plus d'égalité, partant plus de fraternité, et bientôt plus de liberté. Gardons-nous-en, mes frères.

Assez comme cela sur la modestie. Il faut en parler modestement.

IX

LE DÉSINTÉRESSEMENT.

J'avais hâte d'arriver à celui-là. Je nourris une colère qui me gênait pour parler des vertus.

Le croiriez-vous, citoyens? On m'a dit que, le lendemain même de notre révolution, alors que les Pères de la Patrie, debout depuis vingt heures, et ne touchant plus bientôt à la terre, luttaient pour nous entre deux tempêtes, celle de la foule, et celle bien plus tumultueuse encore de leurs cœurs palpitants, on m'a dit que ce jour-là on avait ramassé à leur porte, quand vint le soir, 4,000 pétitions !

J'apprends que ces ministères, ces grands ateliers de gouvernement, où la besogne d'aujourd'hui est si rude aux travailleurs, j'apprends que les ministères sont envahis, engorgés, annulés par une foule impitoyable de gens qui demandent n'importe quoi à n'importe qui ; que le flot vainqueur a tout inondé, les bureaux, les antichambres, les couloirs, les escaliers, les cours, qu'il commence dans la rue, et qu'un homme de cœur qui vient à passer par là est obligé de changer de trottoir.

Eh! Messieurs, un peu de mémoire, il n'en faut pas tant! La royauté n'est plus là; on ne vous l'a donc pas dit: c'est à la République que vous demandez.

Citoyens solliciteurs, sachez que je ris dans ma barbe des honnêtes gens qui se croient désintéressés parce qu'ils ne demandent rien aujourd'hui.

Les places, les fonctions, les *charges publiques!* Personne ne se doute donc par ici que tout cela est devenu sérieux? Vous avez lu pourtant l'histoire, les uns et les autres. Que dites-vous de la vie que toutes les républiques ont faite à leurs fonctionnaires, oui toutes, et Carthage elle-même, la ville de négoce, la cité sans honneur?

Attendez un peu de temps, gens trop pressés, vous saurez ce que c'est que de marcher à découvert, avec sa conscience pour seul bouclier, au travers des grandes et des petites passions, sous l'œil rigide et la main sans pitié de la loi. Vous saurez qu'à ce métier une jolie femme est un instrument inutile, et que ce n'est pas assez d'avoir l'esprit facile et l'échine ondoyante.

Malheureux! vous croyez bonnement faire vos affaires; vous courez vous offrir en holocauste. Il est bon du moins de vous avertir. Ce que vous faites là serait beau, si vous le saviez.

Oui, mes concitoyens, je veux qu'il arrive un moment où les solliciteurs ne seront plus ceux qui demanderont, mais bien ceux qui offriront. Je veux que des villes entières aillent gratter à la porte des citoyens qu'elles auront choisis, et que le désintéressement consiste à accepter les charges publiques, dont le nom ne sera plus dérisoire.

Je m'attends à voir entrer dans la grande assemblée qui va venir, des ouvriers et des pauvres, des hommes au cœur droit, à l'esprit modeste, reconnu bons à quelque chose par leurs concitoyens; je veux que, leur tâche achevée, ils s'en retournent les reins brisés, et le cœur léger, au travail des bras, le plus facile, le plus joyeux de tous, sitôt qu'il n'est pas excessif; je veux qu'en revoyant l'atelier pacifique, ils s'écrient, bondissant d'allégresse, comme des enfants revenus de l'école : « Venez nous embrasser, camarades; nous avons payé notre dette à la patrie. »

Non, ce n'est pas le désintéressement d'autrefois que je demande à mes concitoyens. Un autre les attend, plus beau, plus difficile, plus digne du nom glorieux qui leur est tombé du ciel. Le désintéressement de la vie publique, ce n'est plus rien, à mes yeux du moins. Celui qu'il faut maintenant c'est le désintéressement de la vie privée, c'est la résignation, c'est le sacrifice, c'est le sommeil confiant de chacun entre les bras de la patrie.

Ah! c'est à peine si j'ai le courage d'en parler.

J'ai vu des larmes rouler dans les yeux des mère et j'ai senti ma joie me glisser des mains. L'amou de la patrie n'est pas cruel. Hélas! pensez aussi ces mères qui enfantaient là-bas sur la paille, do les enfants s'en allaient pieds-nus à l'aventur dévoués au vice aussi bien qu'à la misère, enchaîn à des labeurs effrayants, à l'âge où les vôtres o encore des bonnes; pensez à ce concert épouvan table de hurlements, de blasphèmes, de cris obscène de gémissements lamentables, sortant tous pêl mêle d'une seule bouche, de la bouche flétrie de misère, et dites, la main sur le cœur, si ceux q élevaient leurs voix pour demander que l'huma nité se mît en marche vers d'autres terres, si ceux là étaient des hommes injustes et cruels; dite devant Dieu, s'ils n'ont pas bien fait.

Et vous aussi, frères, dont les cœurs généreu s'indignaient depuis longtemps de la misère, do les esprits puissants s'étaient élancés bien ava nous à la recherche du grand problème, vous auss il vous faut en ce moment votre part de désintére sement.

Votre part ne sera pas la moins belle, allez.

Quel est celui de tous ces biens de la terre qu vienne aussi avant au cœur de l'homme, comm une idée, un bien du ciel?

Or, en ce jour, que tous les rêves caressés e petit comité se trouvent tout d'un coup appelés a grand air, face à face avec la réalité, ayez, je vous en conjure, le désintéressement des idées.

Vous êtes les forts, n'est-ce pas, les hommes qui avez étudié, qui avez pressenti, qui avez su : donnez aux faibles l'exemple du sacrifice. D'un rêve qui devient un fait, on ne peut pas toujours tout garder. Ne vous enveloppez pas trop résolûment dans vos idées, comme un brave, sommé de se rendre, s'enveloppe dans son drapeau.

Oh! l'admirable vertu que de laisser triompher l'idée dont on était le soldat, par d'autres armes que celles qu'on lui tenait soi-même en réserve!

X

LA FRANCHISE.

Salut! vertu des hommes de cœur; vertu des nobles natures, salut!

Viens, que je serre ta main généreuse, ta main qui n'a jamais trahi.

Non, tu n'es pas la brutalité qui n'a pas d'âme tu n'es pas l'insolence qui n'a pas de cœur, l'indiscrétion qui n'a pas d'esprit. Tu es intrépide et douce, intelligente et simple. Ta bouche, avec un fraternel sourire, ta bouche aimable dit la vérité et ne la hurle pas.

La franchise républicaine ne connaît point d'amis ni d'ennemis. Elle sait dire à son frère : « Tu as tort! » à son rival : « Tu as raison! » Elle s'immole elle-même de bonne grâce, quand on lui montre ce qu'elle ne voyait pas.

Amis, ne sentez-vous pas en vous-mêmes quelle joie ce serait, dans le ciel et sur la terre, si nous étions tous francs les uns envers les autres; quels soucis, quelles angoisses le mensonge traîne partout derrière lui, et combien il est triste d'user sa sueur et son temps à creuser péniblement dans l'ombre des conduits étroits et tortueux, quand il y a là, sous le soleil, une route si large, si droite, et si bonne au pied, la route de la verité?

On dit que le mensonge est un rempart, et que l'homme franc marche au combat sans cuirasse. Ah! que cette cuirasse-là était lourde et gênante, comme on la perçait bien vite à jour, et qu'il était facile d'en trouver le défaut! Je ne voudrais pas remuer, d'un pied sacrilège, la cendre des morts; mais dites-moi par où ont été touchés au cœur les hommes puissants qui viennent de tomber.

Les secrets d'État! il y a longtemps que ce mot de plomb me pèse. Les secrets qui sont la fable de la ville! les secrets de Polichinelle, diraient les enfants. Une chose si vulgaire à cette heure qu'elle est tombée dans le théâtre de Scribe; et que l'homme d'esprit me comprenne : n'entend pas qui veut ce qui bruit à l'oreille de tout le monde. Au panier, vos secrets d'État! Le vrai secret, maintenant, le secret de la force et de la vie, c'est la franchise.

Ah! s'il nous fallait voir plus tard les chefs d'un grand peuple ruser et marchander, comme des brocanteurs; s'il nous fallait encore jouer la comédie, et cacher une défroque dans la coulisse, je dirais à Dieu : « Ce n'était pas la peine de nous avoir fait changer! »

Et nous autres, frères, ne jouons pas au plus fin entre nous. Soyons francs. N'ayons pas nos secrets d'Etat, nos secrets qui se devineraient en un jour, qui seraient contre-minés par d'autres secrets. Ne nous poursuivons pas tremblants et aveuglés sous la terre. Allons droit l'un à l'autre, à la face du ciel, les mains ouvertes et le front au vent, comme il convient à des hommes libres, à des républicains.

Républicains ! encore une fois, c'est fait, nous le sommes. Ayons les vertus de notre état. Nous pouvions peut-être nous en passer tout à l'heure, si l'homme peut jamais se passer d'une chose qui est une vertu. Nous ne le pouvons plus aujourd'hui. Croyez-moi, remercions Dieu. Ce qu'il fait est bien fait.

XI

LA JUSTICE.

Cette révolution-ci a été prêchée au nom de la justice.

Ceux qui l'ont faite, sans savoir peut-être où ils allaient, se sont levés, emportés, à l'aveugle, par un sentiment irrésistible, l'horreur de l'injustice.

Ceux qui l'ont acceptée, faite sans eux, ou même malgré eux, ont obéi avec une noble soumission à un maître, toujours vainqueur dès qu'il paraît, au sentiment de la justice. Tant que nous serons justes, je n'ai peur de rien, ni de personne. Nous pouvons tout faire et tout braver. Dieu sera avec nous.

Si nous cessons d'être justes, il faut nous disposer à périr. Nous pourrons disputer notre vie, lutter avec le châtiment, fuir devant la vengeance boiteuse. Elle est infatigable, elle saura toujours nous atteindre.

Le scélérat, endurci au crime, vole et tue, et dort insolemment d'un sommeil d'enfant. Mais un remords au cœur d'une nation trouble à jamais son sommeil. Nous serions les premiers-nés de l'histoire, et nous n'aurions pas de passé, que je dirais cela sans hésiter. Une nation a le cœur honnête. C'est pour cette raison que la voix du peuple a été appelée la voix de Dieu.

Amis, veillez sur notre révolution. Elle ne nous appartient pas à nous tout seuls. Le sort du monde en dépend.

Le monde averti nous regarde, palpitant d'espoir et d'effroi. Toutes les oppressions vont crouler, si nous vivons, crouler sans guerre et sans larmes, ainsi que doit s'accomplir une œuvre du ciel. Les peuples qui nous ont été confiés, nos fils futurs en bonheur et en liberté, les peuples attendent, pleins d'une joyeuse angoisse, ce que nous allons faire du dépôt divin. Notre salut, c'est une dette d'honneur que nous avons à leur payer. Une dette d'honneur! acquittons-la.

Que personne ne me dise que l'on peut se tromper sur ce qui est juste. Les intérêts et les passions habitent à la surface du cœur, et quand vous y regardez, en passant, vous ne voyez rien que cette troupe hideuse et désordonnée. Plus loin, frères, ce sont là les faubourgs. Descendez dans la cité, fouillez-la, s'il le faut, demandant aux portes la justice; vous ne sortirez pas sans l'avoir trouvée. Allez, c'est le même Dieu qui a fait tous les hommes.

Pour moi, j'ai parcouru nos rues et nos places, alors qu'elles étaient inondées par cette foule immense, sortie comme par enchantement des entrailles soulevées de la ville, et si je suis rentré chez moi plein de confiance, c'est que partout j'ai trouvé l'amour, le besoin de la justice. Sans doute que les intérêts et les passions grondaient encore, mais nulle part ils n'osaient éclater. C'était là les vrais vaincus.

C'est pour cela que j'ai confiance. Les égoïstes et les insensés, oui certes, il en reste encore. Ne demandons pas trop à l'humanité. Mais nul n'osera réclamer une chose injuste; une chose juste, nul n'osera la refuser. Ceux qui oseraient ne seraient pas les plus forts.

Amis, balayons la surface, et faisons place nette à la justice. C'est elle qui nous a guidés au combat : quitter son étendard, ce serait une trahison. Et puis toujours cette raison victorieuse qui retombe sans cesse sur nous, comme un marteau sur l'enclume. Quitter cet étendard, nous ne le pouvons pas.

XII

LE PATRIOTISME.

Frères, amis, citoyens,

L'Etat, c'est nous; parlons un peu comme Louis XIV. A chacun son tour.

Ce qu'il y a de terrible et d'admirable dans la forme républicaine, c'est que tout le monde a sa part du gouvernement, c'est que tous mettent la main à la chose publique. Ignorants, heureux, égoïstes, il n'importe : il faut apprendre, il faut oser, il faut se sacrifier au besoin. L'honneur est grand : mais on le paie. On le paie en monnaie de vertus, et qui n'en a pas doit s'en procurer. Aussi le gouvernement républicain, que l'on dise ou non le contraire, est-il éminemment moralisateur, et l'amour de la patrie n'y est pas facultatif; il est de stricte obligation.

A ce compte, je n'avais pas cru d'abord qu'il fût à propos de faire figurer le patriotisme sur une liste des vertus d'un républicain.

Cependant, saint amour de la patrie, tu existais hier! Je ne saurais te réduire à n'être plus autre chose qu'une triste nécessité.

Oui, tu restes une vertu, une vertu de famille, de cette grande famille française, où les femmes timides, et les vieillards morts à l'émotion, et les méchants eux-mêmes, ne sauraient commander à leur sang de race, quand on remue chez eux la fibre patriotique.

Ah! tu n'avais pas besoin de devenir une nécessité. *Mourir pour la patrie!* le chant d'aujourd'hui, c'est le chant d'hier.

Or, il ne s'agit pas de mourir, il s'agit de vivre pour la patrie.

Mourir c'est l'affaire d'un quart d'heure d'exaltation. Vivre, cela dure plus longtemps, et demande une plus grande dépense de patriotisme.

Citoyens, c'est le moment de montrer si la patrie est autre chose qu'un vain mot pour nous; c'est le moment de faire honneur aux traditions glorieuses de nos pères en République. Nous aussi, nous allons être des hommes historiques.

Ne faisons pas du patriotisme en allant redemander à tous les échos du dehors les souvenirs irritants de nos luttes, de nos triomphes et de nos défaites. Soyons patriotes chez nous en servant bien la patrie.

Soyons patriotes :

En respectant les droits de nos frères pour servir la cause de la liberté;

En nous méprisant le moins possible, pour servir la cause de l'égalité;

En serrant une main qui fut celle d'un ennemi, pour servir la cause de la fraternité.

Liberté, égalité fraternité, les trois mots sacrés de la grande Révolution française, rendons-les si vrais, si beaux et si grands, que l'univers entier s'agenouille et les adore avec nous. On les avait écrits en lettres de fer, écrivons-les en lettres d'or. Et gare ensuite à qui viendra les toucher !

Citoyens, j'attends cela de votre patriotisme. Le canon pouvait bien être la dernière raison des rois ; la vertu est la dernière raison des peuples. Or, qui dit la vertu, dit toutes les vertus.

Ce sera là notre propagande à nous, une propagande aimée de Dieu, qui se rira des forteresses et narguera les cabinets. Le vent qui passera sur la France se chargera d'emporter par de là les fleuves et les montagnes les germes fécondants, destinés à faire éclore les républiques. Nous ferons la conquête du monde, sans quitter nos femmes ni nos enfants ; et si l'étranger reparaît dans nos murs, ce sera le myrte et l'olivier à la main, pour fêter en famille le salut de l'humanité.

Mon Dieu, si j'ai fait un rêve, n'attendez pas pour me faire sortir d'ici, n'attendez pas que je sois réveillé.

FIN.

PARIS. IMP. A. CINQUALBRE, 54, RUE DES ÉCOLES.

A. CINQUALBRE, ÉDITEUR

Paris. — Imp. A. CINQUALBRE, 54, rue des Ecoles.

www.ingramcontent.com/pod-product-compliance
Lightning Source LLC
Chambersburg PA
CBHW052046270326
41931CB00012B/2659

* 9 7 8 2 0 1 2 6 7 7 1 9 7 *